KB097775

서중석의 현대사 이야기 **❼**

서중석의 현대사 이야기

서중석 답하다
김덕련 묻고 정리하다

7

한일 회담·한일협정,
박정희와 일본 우익의 검은 커넥션

오월의봄

일러두기
본문의 추가 보충 설명은 모두 김덕련이 정리했다.

책머리에

1

우리는 21세기에 들어와 극렬한 '역사 전쟁'을 겪고 있다. 역사 전쟁은 한국과 일본 사이에, 또 한국과 중국 사이에 벌어지는 것으로 알고 있는 사람들이 많겠지만, 오히려 한국 사회 내부에서 더 치열하다.

사실 최근에 와서야 비로소 역사 교육이 정상적인 길로 들어서는가 싶었다. 박정희 한 사람만을 위한 1인 유신 체제의 망령인 국정 역사 교과서가 21세기 들어 사라졌고, 가장 중요한데도 공백이나 다름없었던 근현대사 교육이 이루어지면서 한국사 교육이 조금씩 자리를 잡아가고 있었다. 이런 흐름을 따라 이제 극우 반공 체제나 권력의 손아귀에서 벗어나 역사 교육이 학문과 교육 본연의 자세로 조심스럽게 나아가는 듯싶었다.

우리 현대사에는 조금 잘될 듯하다가 물거품이 된 경우가 종종 있다. 역사 교육도 그렇다. 교육의 현장이 순식간에 전쟁터가 된 것이다.

2008년 이명박 정권이 들어서자마자 수구 세력은 오염된 현대사를 재교육하겠다고 나섰다. 과거 중앙정보부 간부, 수구 언론 논설위원 등이 포함된 강사들이 서울을 비롯해 전국 각지로 보내져 학생과 교육계, '사회 지도층'을 상대로 현대사 재교육에 나섰다. 강사라기보다 유세객遊說客이라는 표현이 맞겠지만, 이들 중 현대사 전공자라고 볼 만한 사람은 없었다. 현대사 전공자가 아니면 역사학자도 잘 모를 수밖에 없는 한국 현대사, 특히 해방 전후사를 수구 세력 이데 올로기 대변자들한테 맡긴 것이다. 얼마나 다급했으면 그렇게 했을 까 싶지만 해프닝이나 다름없었다.

거기까지는 그나마 양호했다. 그해 8월 15일은 공교롭게도 정부 수립 60주년이 되는 날이었는데, 특히 이날을 벼르고 벼르던 세력들 이 광복절을 건국절로 명칭을 변경해 기념해야 한다고 나섰다. 일부 는 뭐가 뭔지 모르고 가담했겠지만, 그것은 역사 교육의 목표, 국가 기강이나 민족정기를 한순간 뒤집어엎고 혼란에 빠트릴 수 있는 위 험천만한 행동이었다. 친일파를 건국 공로자로 만들 수 있는 건국절 행사장에는 참석하지 않겠다고 독립 운동 단체가 단호히 선언하고, 독립 운동가들이 자신들이 받은 서훈을 반납하겠다고 강경히 주장해 서 간신히 광복절 기념식을 치를 수 있었다.

가을이 되자 일선 역사 교사들에게 날벼락이 떨어졌다. 지금 쓰 는 교과서를 바꾸라고 난리를 친 것이다. 모든 권력을 총동원해서 압 력을 가해왔다. 그 전쟁터 한가운데에 서서 교사들은 어떤 사념에 잠 겼을까. 역사 교사로서 올바르게 산다는 것이 무엇이라고 생각했을 까. 그렇지 않으면 기구한 우리 현대사를 되돌아보았을까.

그로부터 5년 후 박근혜 정권이 등장하자 또다시 역사 전쟁이 벌어졌다. 이번에는 역사 교과서를 둘러싼 전쟁이었다. 2004~2005년부터 구체적인 본색을 드러내고 조직적으로 활동하며 수구 세력 내에서 역사 문제에 대해 강력한 발언권을 확보해온 뉴라이트 계열이 역사 교과서를 만든 것이다.

뉴라이트 계열 역사 교과서는 어이없이 참패했다. 일본 극우들이 2001년에 만든 후쇼샤 교과서보다 더한 참패였다. 일제 침략, 친일파와 독재를 옹호했다고 그 교과서를 맹렬히 비판하던 쪽도 전혀 상상치 못한 결과였다. 그 교과서가 등장하기 몇 달 전부터 수구 언론이 여러 차례 크게 보도해 분위기를 띄우고, 권력이 여러 방법으로 지원을 하는 등 나름대로 총력전을 폈으며, 수구 세력이 지배하는 학교 재단도 있었기 때문에 어느 정도는 채택될지도 모른다고 크게 우려했는데 결과는 딴판이었다.

2

왜 역사 전쟁에서 이승만을 띄우는가. 박정희의 경제 발전 공로는 진보 세력 일부도 인정하기 때문에 이제 이승만만 살리면 다 된다고 보기 때문일까. 그렇지 않다. 근현대 역사에서 너무나 중요한 '비결 아닌 비결'이 거기 내장되어 있기 때문이다.

우리에게는 '역사의 죄인'이 있다. 우리 역사에서 제일 큰 죄인은 누구일까. 우선 친일파, 분단 세력, 독재 협력 세력이 쉽게 떠오를 것이다. 이승만을 존경하는 사람들에는 여러 유형이 있다. 친일파, 분단 세력, 독재 협력 세력이 거기 포함된다. 이들은 이승만을 살리고 나아가 그를 '건국의 아버지' '국부'로 만들어놓을 수만 있으면 '역사의 죄인'에서 벗어날 수 있다고 믿는 것 같다. 나아가 이승만이 국부가 되면 권력이나 사회적 지위, 기득권을 계속 움켜쥘 수 있다고 확신하고 있는 것 같다.

역사 전쟁은 수구 세력이 일으키는 불장난이라는 생각이 들 때가 있다. 60~70년 전 역사를 가지고 지금 아무에게도 득이 되지 않는 소모적인 전쟁을 일으킬 필요가 없기 때문이다. 사실을 왜곡하는 일 없이, 개방 시대에 맞게 그 시대를 폭넓게 이해하도록 가르치면 되는 것이다. 문제는 친일파, 분단 세력, 독재 협력 세력은 그렇게 생각하지 않는다는 데 있다. 자연인으로서 친일파는 생명이 다했지만, 정치적·사회적 친일파는 여전히 강성하다. 그러니 자꾸 문제를 일으킨다. 어두운 과거를 떨치고 새 출발을 할 때 보수주의가 자리 잡을 수 있는데, 비판자들을 마구잡이로 '종북'으로 몰아세우고 대통령 선거에서 NLL로 황당무계한 공격을 하는 데서 알 수 있듯이, 그들은 과거를 떨치지 못하고 독재 권력이 행했던 과거의 수법에 의존하고 있다. 이렇듯 수구 세력이 정치적 생명을 연장하려고 하기 때문에 역사 전쟁이 지겹게도 반복되고 있는 것이다.

우리에게는 '역사의 힘'이 있다. 항일 독립 운동과 반독재 민주화 운동이 줄기차게 계속된 것도, 우리 제헌 헌법에 자유·평등의 독립 운동 정신이 담겨 있는 것도 역사의 힘이다. 우리 국민이 친일파, 분단, 독재를 있어선 안 되는 잘못된 것으로 보는 것도 역사의 힘이다. 막강한 힘의 지원을 받은 역사 교과서가 참패한 것도 그렇다. 2014년에 국무총리 후보가 역사의식 때문에 순식간에 추락한 것도 역사의 힘이 아니고서는 설명하기 어렵다. 그런데도 해방-광복 70주년이 되는 2015년에 들어서자마자 역사 교과서를 국정화하겠다는 소리가 들리고, 수구 언론은 과거처럼 '이승만 위인 만들기'에 노력하고 있다.

진보 세력은 역사의 죄인 혐의에서 자유로울까. 현대사 진실 찾기, 역사 바로 세우기를 방기한 것은 어떻게 설명할 수 있을까. 1980년대에 운동권은 극우 반공 세력의 역사관을 산산조각 냈다고 생각하기도 했지만, 그것은 자만이었다. 현대사 진실 찾기를 방기할 때, 그것은 또 하나의 이데올로기이자 도그마로 경직될 수 있었다. 진보 세력은 수구 세력이 뉴라이트의 도움을 받아 근현대사 쟁점에 나름대로 논리를 세워놨는데도 더 이상 자신을 채찍질하지 않았다.

1980년대에 그렇게 현대사에 열을 올리던 사람들 가운데 몇이나 해방과 광복, 광복절과 건국절의 차이를 설명할 수 있을까. 그들은 단정 운동에 대해서 어느 정도 지식을 가지고 있을까. 이승만이 대한민국을 건국한 국부가 아니고 제헌 국회에서 표결에 의해 선출된 초대 대통령에 지나지 않는다는 것은 또 얼마나 알고 있을까. 한마디로 이승만 건국론이 잘못된 주장이라는 것을 일반 사람들에게 구체적인 사실을 들어 조리 있게 설명해줄 수 있을까. 현대사의 이런저런 문제를 가지고 생각이 다른 사람들과 논전을 벌일 경우 상대방을 얼마나 설득할 수 있을까.

3

나는 역사 전쟁이 싫다. 특히 요즘은 이제 제발 그만두었으면 싶은 마음이 간절하다. 내가 현대사에 관심을 가진 것이 1960년대 중반부터이니, 반세기라는 긴 세월 동안 극우 세력의 억지 주장이나 견강부회와 맞닥트리며 살아온 셈이다. 하지만 어떡하겠나. 숙명이려니하고 받아들이지 않을 수 없다.

2013년 6월 제자와 지인들 앞에서 퇴임사를 하면서 이런 이야기들을 전했고, 젊은이들이 발분하여 현대사를 공부해줄 것을 거듭 당부했다. 그러고 나서 얼마 후 프레시안 김덕련 기자에게서 현대사 주제들을 여러 차례에 걸쳐 인터뷰하고 싶다는 요청이 왔다. 그다지 부담이 없을 것 같아 응했다. 한국전쟁부터 시작했다.

김덕련 기자는 뉴라이트가 제기한 문제들을 포함해 여러 가지를 예리하게 추궁했다. 당연히 쟁점 중심으로 얘기가 진행됐다. 그런데 곧 출판 제의가 들어왔다. 출판을 한다면 좀 더 체계적으로 인터뷰를 이끌어가야 할 것 같았다. 그래서 이승만 건국 문제, 친일파 문제, 한국전쟁과 이승만 문제, 집단 학살 문제, 5·16쿠데타 평가, 3선 개헌과 유신 체제, 박정희와 경제 발전 문제, 부마항쟁과 10·26과 광주항쟁, 6월항쟁 등 중요 쟁점을 한층 더 깊이 파고들어가기로 했다.

욕심도 생겼다. 이승만에 대해서는 직간접적으로 다룬 여러 저작과 논문이 있지만, 박정희에 대해서는 두세 편의 논문과 일반적인 글이 있을 뿐이었다. 그렇지만 현대사에서 박정희는 18년이라는 커다란 몫을 가지고 있고, 1960~1970년대의 대부분이 포함된 그 18년은 정치적으로나 경제적으로나 대단히 중요한 시기였다. 그 중요한 시기 동안 박정희가 집권했으니, 그 시기를 통사로 한번 써야 하지 않겠느냐는 의무감 비슷한 것이 있었다. 그러던 차에 인터뷰가 책으로 나오게 된다니, 박정희 집권 18년의 전체 상을 박정희 중심으로 살펴보고 싶은 의욕이 생겼다.

해방 직후의 역사도 1980년대에 와서야 연구되었지만, 박정희 시기도 마찬가지였다. 그 당시 한국인의 대다수가 박정희의 창씨 명을 알지 못했고, 심지어 그가 남로당의 프락치였다는 사실조차 모르고 있었다. 적지 않은 사람들이 막 보급되던 TV 화면에 빠지지 않고 등장하는 박정희의 모습을 그의 참모습으로 알고 있었다. 더욱이 1990년대 중반, 특히 IMF사태 이후 박정희 신드롬이 일어나면서 그는 대단한 능력자로 신비화되기도 했다.

나는 박정희가 쿠데타를 일으켰던 그때부터 이미 박정희의 모습을 지켜보았다. 덧칠하지 않은 있는 그대로의 박정희를 볼 수 있었다. 그는 그렇게 특별한 능력이나 지식을 가진 사람이 아니었다. 다만 권력에 대한 집착이 생사를 초월하도록 강했고, 상황을 판단하는 총기가 있었으며, 콤플렉스도 있었고, 색욕이 과했다.

그런데 나는 박정희의 저작, 연설문집, 그에 관한 여러 연구와 글을 들여다보면서 의외로 일제 때의 군인 경험이 그의 일생에 지대한 영향을 미쳤음을 알게 되었다. 유신 체제, 민족적 민주주의-한국적 민주주의, 민족과 주체성 강조 등 '정치 이념'이 해방 이전의 세계관에서 먼 거리에 있지 않았다. 일제 때 군인 정신으로 민족, 주체를 강조하게 되었다는 것이 아주 이상하게 들릴지 모르겠지만, 거기에 박정희의 박정희다운 특성이 있고, 한국 현대사의 일그러진 자화상이 담겨 있다.

　김덕련 기자와 인터뷰를 하게 된 것은 행운이다. 그는 대학 시절 국사학과에 재학 중일 때 내 현대사 강의를 들었다고 하는데, 현대사 지식이 풍부하고 문제의식이 날카로웠다. 중요 쟁점도 놓치지 않았고 미묘한 표현도 잘 처리했다. 거기다 금상첨화 격으로 꼼꼼하며 자상하기까지 하다. 김덕련 기자와 나는 이러한 작업에 잘 어울리는 좋은 팀이라고 생각한다. 출판에 대해 자신의 철학을 가지고 있고 공들여 편집하느라 애쓴 오월의봄 박재영 대표에게도 감사드린다.

　서중석

차례

한일 회담·한일협정

연표

1949년

9월 이승만 정부, 연합군 총사령부에 대일 배상(73억 달러) 요구 조서 제출

1951년

9월 8일 남북한, 중국 등이 배제된 채 샌프란시스코 강화 조약 체결
10월 20일 예비 회담을 시작으로 14년에 걸친 한일 회담의 막이 오름

1952년

2월 15일 1차 한일 회담 시작(일본의 역청구권 주장으로 결렬)

1953년

4월 15일 2차 한일 회담 시작(정전협정 앞두고 휴회)
10월 6일 3차 한일 회담 시작(구보타 망언으로 결렬)

1958년

4월 15일 4차 한일 회담 시작(1960년 4월혁명으로 중단)

1960년

10월 25일 5차 한일 회담 시작(1961년 5·16쿠데타로 중단)

1961년

10월 20일 6차 한일 회담 시작(1964년 학생들의 반대 시위로 회담 중단)
11월 12일 박정희, 일본 수상에게 청구권, 배상, 평화선 관련 대폭 양보 시사

1962년

11월 12일   김종필과 오히라 마사요시, 청구권 관련 메모 교환(김-오히라 메모)

1963년

12월   오노 반보쿠 발언("박정희와는 서로 부자지간 자인") 논란

1964년

3월 24일   굴욕적 한일 회담 반대 투쟁 본격화

3월 26일   김준연 '박정희 정권, 일본으로부터 1억 3,000만 달러 수수' 주장

5월 20일   서울대에서 민족적 민주주의 장례식 거행

5월 21일   무장 군인들의 법원 난입 사건, 송철원 납치 · 고문 사건 발생

6월 3일   박정희, 대규모 시위에 맞서 서울에 비상 계엄 선포(6 · 3사태)

6월 6일   제1공수특전단 장교들, 동아일보사 난입

6월 17일   1차 민족주의비교연구회(민비연) 사건 발생

8월 14일   1차 인혁당 사건 발생

12월 3일   7차 한일 회담 시작

1965년

1월 7일   다카스기 신이치(한일 회담 일본 측 수석대표) 망언 파동

2월 20일   한일기본조약 가조인(그 후 각계에서 조인 반대 투쟁)

4월 3일   청구권 및 경제 협력 등 3개 합의 사항 가조인

5월 16일   박정희, 미국 방문길에 오름

5월 27일   박정희, '독도 폭파' 발언

6월 22일   한일기본조약 및 4개 부속 협정 조인(그 후 비준 반대 투쟁)

8월 9일   민중당 의원 58명, 의원직 사퇴서 제출

8월 13일   베트남전쟁 전투병 파병 동의안, 공화당 단독으로 국회 통과

8월 14일   한일협정 비준 동의안, 공화당 단독으로 국회 통과(그 후 격렬한 시위)

8월 26일   서울 일원에 위수령 선포

9월 25일   2차 민비연 사건 발생

11월 12일   일본 중의원에서 한일협정 비준안 통과(12월 11일 참의원도 통과)

12월 18일   한일 양국 비준서 교환, 공식 발효

한일 회담·한일협정

어느 정권이 들어섰어도
안 할 수 없었고 또 할 수 있었다

한일 회담·한일협정, 첫 번째 마당

김 덕 련 한일 관계는 참 중요하면서도 어려운 문제다. 옛날에도 그랬고 오늘날에도 그렇다. 해방 후 한일 관계의 분수령 중 하나가 일반적으로 한일협정으로 불리는 1965년 한일 국교 정상화다. 오늘날 한국과 일본 사이에 가로놓인 문제들의 상당수가 한일협정 문제와 맞닿아 있다는 점에서도 차분히 되짚을 필요가 있다. 먼저 용어 문제부터 살폈으면 한다. 한일협정이 적절한 용어인지 의문이 들 때가 있다. 예컨대 1965년에 체결한 것이 한일기본조약과 여러 협정이라는 점에서도 그렇다.

서 중 석 1964년 한일 회담, 1965년 한일협정 조인과 비준, 이 시기에 이렇게 두 가지 큰 일이 있었다. 그와 함께 1964년에 한일 회담 반대 운동이 있었고, 1965년에는 조인 반대 운동, 비준 반대 운동이 장기간에 걸쳐 있었다. 이걸 뭉뚱그려 뭐라고 하느냐. 이게 그렇게 쉽지가 않다. 한일기본조약하고 한일협정의 성격이 조금 다른 것 아니냐, 따로 이야기해야 하는 것 아니냐고 볼 수도 있지만, 그렇다고 해서 한일기본조약·한일협정 하면 너무 길고 해서 일반인도, 연구자도 한일협정으로 통칭하고 있다.

　문제는 그것에 대한 반대 운동을 뭐라고 부르느냐 하는 것이다. 이 문제를 가지고 민주화운동기념사업회나 6·3동지회 같은 데서 논란이 많이 있었다. 우선 1964년의 경우 주로 학생들이 3월 24일부터 6월 3일까지 반대 운동을 전개했다. 6월 3일에 있었던 것은 보통 6·3사태라고 그때부터 지금까지 많이 부르고 있다. 그럼 3·24에서 6·3사태까지를 뭐라고 부를 것인가, 이게 문제인데 그냥 6·3운동이라고 부를 수도 있지 않겠는가 하는 생각이 든다. 그다음에 있었던 것은 한일협정 조인 반대 운동, 한일협정 비준 반대 운동으로 많이

1965년 6월 22일에 열린 한일협정 설명회. 사진 출처: 국가기록원

불렀다. 이걸 합쳐 한일협정 조인·비준 반대 운동, 이렇게 하면 너무 기니까 그냥 한일협정 반대 운동이라고 해도 좋을 것 같다.

　그럼 6·3운동과 한일협정 반대 운동, 이 두 가지를 합쳐 뭐라고 부르느냐. 마땅치는 않은데 우선은 한일협정 반대 운동이라고 할 수밖에 없지 않겠나. 더 좋은 용어가 없는지 논의를 더 해봐야겠다. 그럴 경우 비판하는 쪽에서, 6·3운동 관계자들이 특히 그러한 주장을 많이 했는데, '6·3운동은 단순히 한일 회담에서 취한 굴욕적 저자세만 비판한 것이 아니고 민주주의 운동 차원에서도 전개한 것인데, 한일협정 반대 운동이라고만 하면 민주주의 운동으로서 6·3운동이 살아나지 못하는 것 아닌가', 이런 주장을 했다. 용어 문제는 학계에서 더 많은 논의를 해야 할 것 같다.

2014년이 6·3운동 50주년이고, 2015년이 한일협정 체결 50주년, 을사조약 강제 110주년이다. 한일협정 체결 등 한일 간의 역사를 차분히 되돌아보고 바람직한 한일 관계를 정립하기 위해 많은 노력을 해야 할 때인데, 지금까지 보면 그렇지 않은 것 같아 걱정이다.

한일 회담 14년, 박정희 정권만 거센 반대 운동에 직면했다

— 한일 회담이 처음 열린 건 한국전쟁 때다. 1951년 10월 도쿄에서 예비회담이 열린 후 14년 만에 타결됐다. 그런데 거센 반대 운동이 일어난 건 박정희 정권 때뿐이다. 그 이유는 무엇인가.

한일 회담은 이승만 정권 때도, 장면 정권 때도 있었는데 어째서 박정희 정권 때 그런 대규모 시위 또는 반대 활동이 전개됐느냐. 바로 그게 문제다. 1964년 3월 24일부터 6월 3일 사이에 있었던 시위는 1960년 3~4월에 있었던 시위 이후 최대 규모의 시위였다. 1965년 3월부터 9월까지 계속된 시위는 그 규모가 1964년보다도 더 크고 더 길다. 1964~1965년 한일협정 반대 운동은 특히 시위가 많이 일어났던 박정희 정권 18년을 통틀어 가장 장기간에 걸쳐 전개됐고, 1979년 부마항쟁을 제외하면 그 규모도 대단히 컸던 시위·반대 운동이라고 볼 수 있다. 물론 유신을 반대한 여러 운동을 하나로 묶으면 그렇지 않지만, 유신 반대 운동을 각각 분리해 이야기한다면 그렇다. 이처럼 큰 시위, 반대 운동이 2년에 걸쳐 벌어졌다.

이게 왜 벌어졌느냐. 그게 문제의 핵심이라고 본다. 한일 회담은 한국 정부로 봐서는 누가 맡든 간에 가장 어려운 과제가 될 수밖에 없었다. 이건 남북 회담처럼 수많은 변수가 작용하고 끈기와 전략·전술이 필요하다. 그뿐 아니라 정부에서 한일 회담에 임할 때에는 구체적인 자료, 사실, 연구 같은 것들을 아주 많이 알아야 하고 갖춰야 한다. 그런 것의 뒷받침 없이 그냥 정치적인 협상으로 처리할 수 있다고 보기가 어렵게끔 돼 있었다.

이건 일본도 마찬가지다. 예컨대 제2차 세계대전이 끝난 후 일본이 필리핀, 버마(미얀마), 인도네시아, 베트남과 배상 회담을 했던 것하고 한일 회담은 크게 다르다. 왜냐하면 한일 회담에 비하면 전자는 상당히 단순했기 때문이다.

그러나 한일 관계의 경우 1905년 을사조약, 1910년 병합조약 같은 과거 조약을 어떻게 볼 것인가 하는 문제가 있고, 35년에 걸친 일제 식민 지배를 어떻게 볼 것인가 하는 문제도 있다. 일제가 의병 전쟁과 1919년 3·1운동 때, 그리고 1920년 북간도·서간도에서, 또 1923년 간토 대지진 당시 저지른 학살 등의 만행이나 일제 말에 있었던 강제 연행 등에 대해서도 논란이 일어날 수 있었다. 그리고 독도, 평화선, 어업 문제도 굉장히 논란이 될 수 있었다. 재일 교포의 법적 지위 문제, 문화재 반환 문제 같은 것들도 아주 복잡하게 얽혀 있었다. 그래서 배상 문제, 보상 청구권 문제가 아니라고 하더라도 이런 문제들을 하나하나 다룬다는 것이 대단히 어렵게 돼 있었고, 아주 전문적인 지식이 뒷받침돼야 한다는 점을 깔고 있었다.

또 한일협정의 경우 민족 감정이라는 게 아주 크게 작용할 수밖에 없었기 때문에 이 부분에 있어서도 정부에서는 지극히 신중을 기하지 않으면 안 되게 돼 있었다. 경솔함, 독선, 독단 같은 것이 가장 위험한 방해물이었다. 한일 회담은 신중함과 명확한 사리 분별,

충분히 납득할 수 있도록 국민들과 소통하는 개방성 그리고 그 의견을 존중하는 것을 필요로 했다.

한국인들이 일본을
곱게 볼 수 없었던 이유

— 한국과 일본이 오랫동안 얽히고설키면서 문제가 켜켜이 쌓인 것도 한일 회담을 더 어렵게 하는 요소였다. 특히 35년에 걸친 일제의 강점은 결정적이었다.

한일 관계는 박정희 정부 때 특히 문제가 된 것만은 아니고 한국 역사 전반에 걸친 문제이기도 하다. 우리 역사를 보면 삼국 시대나 그 이후 대개는 중국과 많이 관련돼 있지만, 일본과 관련된 부분도 적지 않다. 근대사의 경우는 중국보다 일본과 관련된 점이 훨씬 많다. 19세기 후반 세계와 한국이 새로운 관계를 맺을 때 가장 깊숙이 들어온 세력이 일본이지 않나. 그래서 근대 국가와 근대 사회의 형성 등 근대화 문제, 민족주의의 기원이나 발생, 또 민족 해방 운동도 대개 일본과 관련돼 있다.

일부 학자들은 근대화, 개화 문제가 일본을 통해 들어오지 않았더라면 문제를 풀기가 훨씬 쉽지 않았겠느냐고 말한다. 역사적으로 한국인들은 임진왜란, 왜구 등 여러 가지를 통해 일본에 대해 나쁜 감정을 갖고 있었다. 그런 역사가 있는데, 우리가 근대 사회로 전환하는 과정에서 일본이 또 강제 수단을 썼다. 1875년 운요호 사건도 그렇고 그 이후에도 계속 한국을 강압하면서 불평등 조약을 체결했다. 그뿐 아니라 물건을 팔아먹거나 토지를 거래할 때에도 일부 일본인들이 기만적인 방법을 써 한국인의 감정을 거스르지 않았나. 이렇게 일본을 통해 들어온 근대화, 개화가 일본의 침략, 일본에 대한 악감정과 뒤섞여 있었기 때문에 한국인들이 이걸 받아들이는 태도가 고울 수가 없었다. 그래서 갈등이 훨씬 심할 수밖에 없었다.

20세기 전반기에 한국은 역사상 처음으로 일본의 식민지가 됐다. 그것도 얕보던 이웃 나라 일본한테 그렇게 됐다. 옳고 그름을 떠나서 당시 많은 한국인은 일본, 일본인을 '섬나라', '왜놈' 등으로 얕보지 않았나. 그런 점에서 비롯된 민족 감정 문제도 있지만, 이 문제는 일제의 식민지 통치 방식을 떼어놓고 생각할 수 없다.

유일한 비백인 제국주의 국가로서 일본의 강점과 식민지 통치는 백인 제국주의 열강의 동남아시아, 인도 지배보다 억압의 강도가 훨씬 심했다. 전에 친일파 문제를 다룰 때도 얘기했지만, 일제 강점기 내내 한국인들은 기본적 자유를 가져본 적이 없다. 심지어 3·1운동 후 1920년대 문화 통치기에도 어떤 언론, 출판의 자유도 없이 모두 검열을 받지 않았나. 집회와 결사의 자유도 큰 제한을 받았다. 정치적 자유도 일제 강점기에 한 번도 있어본 적이 없었고 한국인들의 의견이 반영될 수 있는 의회라는 통로도 아주 약했다.

그런 속에서 1910년대에는 무단 통치를 당하고, 1930년대 이후에는 전시 체제로 들어가면서 아주 심한 군국주의 파시즘 통치 아래 놓이지 않았나. 거기에다가 일제 말에는 인도, 동남아시아와 달리 한국은 지독한 황민화 정책을 강요당했고, 징용 등 강제 연행, 강제 노역, 일본군 '위안부' 및 식량, 물품 등의 강제 공출도 있었으며, 생활이 말할 수 없이 곤궁했다. 이처럼 일제의 식민 통치, 일제에 의한 억압은 다른 제국주의 국가보다 강도가 월등 높았다.

과거부터 일본에 대해 갖고 있던 나쁜 감정에다가 식민 통치를 그런 식으로 받은 것에 대한 감정이 겹치면서 한국인들 사이에 반일 감정이 강하게 나타났다. 그런데 거듭 이야기하지만 이승만, 장면 정권 때에는 없던 한일 회담 반대 운동이 어째서 박정희 정권 때에만 그렇게 거세게 일어났는가, 이 문제를 살피는 게 중요하다. 우선 그 이전에 한 가지 생각해야 할 게 있다.

한일 국교 정상화,
누가 집권해도 안 할 수 없었고 또 할 수 있었다

── 어떤 것인가.

뭐냐 하면 한일 회담 그리고 한일 국교 정상화는 누가 집권하더라도 1960년대 초나 전반기에 안 할 수가 없었고, 또 할 수가 있었다는 것이다. 난 그렇게 보고 있다. 사실 이승만 정권 때에도 이승만 대통령이 한일 회담에 대해 어깃장을 놓기도 하는, 예컨대 일본에 기시 노부스케 정권이 들어섰을 때 한일 회담이 순조롭게 되는 것을 바라지 않는 태도를 취하기도 했다. 그리고 1954년 이후 반일 운동을 지속적으로 펴지 않았나. 그러나 다른 쪽은 그렇지 않았다. 당시 야당, 예컨대 민주당의 조병옥이든 진보당의 조봉암이든 모두 '한일 국교는 이뤄져야 한다. 한일 관계를 정상화해야 한다'고 생각했다. 자유당 간부조차 그건 마찬가지였다. 이 대통령이 워낙 강하게 누르니까 말을 못했을 뿐이지, 한일 관계는 정상화돼야 한다고 보고 있었다. 이승만 정권 때 마지막 한일 회담 수석대표였던 허정 그분도 그렇게 생각하고 있었다. 그래서 그렇게 추진했는데, 1950년대 후반 한일 회담 과정을 살펴보면 이 대통령이 그렇게 하지 못하도록 한 적이 있었다.

이처럼 정치인이나 좀 알 만한 사람들은 대개 '한일 관계는 정상화돼야 한다. 국교를 맺는 게 필요하다', 이렇게 생각한 제일 큰 이유는 박정희 정권과 비슷하다. 우선 한국이 경제적으로 발전하려면 선진국인 일본과 긴밀한 관계를 맺어야만 할 것 아니냐는 것이었다. 일본은 이미 한국전쟁 때 전전戰前 수준으로 돌아가지 않았나. 한국전쟁 덕분에 대단히 놀라운 발전을 해나가는 걸 볼 수 있다.[•] 사실 경제 자립, 경제 발전의 염원은 1960년 4월혁명 이전부터 한국인들 사이에 광범위하게 퍼져 있었다. 그게 4월혁명 이후에 더 강해졌다. 그래서 경제 발전을 위해서는 한일 관계 정상화가 필요하다고 많은 사람이 본 것이다.

미국의 원조 정책이 바뀐 것도 영향을 줬다. 미국의 원조는 1950년대 한국 경제에서 큰 비중을 차지했다. 심하게 얘기하면 '미국의 원조 때문에 살았다', 이렇게 이야기하는 사람도 있을 정도다. 그런데 미국이 1958년경부터 원조 정책을 전환해 그간 무상으로 주던 것을 축소하겠다는 걸 분명히 한다. 그러면서 이제는 한국이 차관을 얻어 쓰고 수출에도 신경을 써야 한다는 걸 강조하는 걸 볼

• 1945년 패전 후 일본 경제는 큰 어려움에 직면했다. 군수 생산 금지, 생산 설비 손실 등의 문제가 겹치면서 1945년 일반 광공업 생산은 1935~1937년 평균의 29퍼센트에 머물렀다. 불황에 허덕이던 일본 경제가 호황으로 돌아선 계기는 바로 한국전쟁이었다. 유엔군 군수품 조달 등에 따른 이른바 '조선 특수'('한국 특수') 덕분에 일본의 공업 생산은 1951년에 이미 전전 수준, 즉 1934~1936년 평균을 넘어섰다.

1960년 10월 24일 일본으로 떠나기 전 공항에서 기념 촬영을 한 한일 회담 대표단. 한일 회담은 민족 감정이 얽혀 있기 때문에 신중함과 명확한 사리 분별 등이 필요했다. 사진 출처: 국가기록원

수 있다. 미국의 무상 원조가 1958년에 이미 상당히 줄었고, 앞으로도 많이 깎일 것이라는 것이 눈앞에 뻔히 보였다. 그렇기 때문에도 일본과 경제적 관계를 긴밀히 해야 할 것이 아니냐는 점도 작용했다.

그래서 허정 과도 정부가 이승만 정권 붕괴 후 출범하자마자 내세운 5개 시정 방침 중 하나가 한일 관계 정상화였던 것이다. 장면 정부도 1960년 8월 23일 출범하자마자 경제를 최대의 중요 시책으로 펴나가겠다고 하면서 한일 국교 정상화가 가장 중요한 정책의 하나임을 분명히 했다.

일본은 왜
한일 회담 타결에 적극적이었나

— 한일 국교 정상화는 당시 일본에서도 바라던 바 아니었나.

이때 일본 측도 '이제 한일 관계는 그전하고 달라야 한다. 국교 정상화를 이뤄야 한다'는 생각을 강하게 가졌다. A급 전범으로 수감된 바 있었던 기시 노부스케(아베 신조 총리의 외할아버지)가 1957년 정권을 잡는데, 기시 노부스케는 그 전임 수상들에 비해 친미 성향이 강했다. 그래서 미국이 한일 관계 정상화를 중시한다는 점에 기시 노부스케도 동조했다. 그건 기시 노부스케가 친미 반공적이었기 때문만이 아니라, 기시 노부스케의 출신 지역이 한국과 가까운 야마구치 현이기 때문이기도 하다.º 어업 문제 같은 것으로 한국과 충돌하고 있기 때문에도 '한국과 긴밀한 관계를 맺어야 한다. 각별한 관심이 있다'고 기시 노부스케가 이야기하는 것을 볼 수 있다. 그래서 방미를 앞두고 기시 노부스케가 한일 회담에 노력을 한다고 했는데, 이승만 대통령이 어깃장을 놓았기 때문에 그게 잘될 수가 없었다.

1960년 미국과 한층 관계를 강화한 미일신안보조약이 체결되는데, 이 조약은 일본에서 거센 반발을 불러일으키지 않았나. 결국 기시 노부스케가 물러날 수밖에 없게 되지만, 그렇다 하더라도 미일신안보조약을 더 진전시키기 위해서는 미일한 3각 안보 체제가

º 야마구치 현은 혼슈의 서쪽 끝으로, 메이지 유신의 중심 세력이던 조슈 번이 있던 곳이다.

기시 노부스케와 유치원생이던 아베 신조. 기시 노부스케는 친미 반공 성향이 강한 사람이었다. 그래서 미국이 한일 관계 정상화를 중시한다는 점에 기시 노부스케도 적극 동조했다.

대단히 중요하다고 일본 자민당 반공 정부는 생각하고 있었다.

5·16쿠데타 직후인 1961년 6월 미국에서 존 F. 케네디 대통령과 기시 노부스케의 후임자인 이케다 하야토 수상이 정상 회담을 하게 된다. 이 자리에서 케네디 대통령은 한국의 반공 정권을 어떻게 도울 것인가 하는 문제를 제기했다. 그때 이케다 하야토가 유명한 부산 적기론赤旗論을 들고나온다. 부산에 붉은 기가 펄럭이면, 곧 부산이 적화되면 일본 치안에 큰 영향을 끼치니 일본도 남한의 반공 정부에 커다란 관심을 가질 수밖에 없다고 화답한다. 한국과 적극적인 관계를 맺을 필요가 있다는 것을 안보 면에서 그렇게 표현한 것이다.

── 일본이 그런 태도를 취한 것은 자국 자본의 한국 진출 문제와도 이어져 있었던 것 아닌가.

일본 경제가 이 시기에 많이 달라진다. 한국전쟁으로 일어선 일본 경제는 1958년 하반기부터 1961년까지 이와토岩戸 경기라고 불리는, 일본에서 보기 드문 대호황을 맞았다. 경제가 매년 10퍼센트 이상 성장했고, 전년 대비 민간 실질 설비 투자 증가율이 1959년에 59.17퍼센트, 1960년에 41퍼센트, 1961년에 37퍼센트, 이럴 정도로 무지무지하게 증가했다. 이 시기에 일본은 기술 혁신과 동시에 소비 혁명이 일어났고, 노동력 과잉 상태에서 완전 고용 경제를 성공시켜 평생직장이 이때부터 실현됐다고 많이 이야기하고 있다.

놀라운 일은 제2차 세계대전 전까지 일본은 자체 내에 충분한 소비 시장을 갖고 있지 못하다고 많이 이야기했는데 이때는 그렇지 않았다는 것이다. 전기세탁기, 전기냉장고, TV에 대한 국내 수요가 엄청나게 커서, 우리가 짐작하는 것과 달리 이때 일본은 수출이 국민총생산GNP에서 차지하는 비중이 그렇게 큰 나라가 아니었다. 오히려 구미 선진 공업 국가보다도 일본이 더 내수가 좋았다고 이야기할 정도였다. 수출이 GNP에서 차지하는 비중이 10퍼센트 정도밖에 안됐다.

그리고 1962년에 조금 안 좋아서 경제가 7퍼센트밖에 성장하지 않았다고 하지만 1963년에는 10.4퍼센트, 1964년에는 13.2퍼센트나 성장하는 걸 볼 수 있다. 이제 일본은 경제 대국화의 길에 들어선 것이다. 그러다 월남전(베트남전쟁)을 겪으면서 또 한 번 호황에 들어가서 1960년대 후반에 이미, 그리고 1970년대에 들어가면 확실하게, 일본 역사상 처음으로 세계 제2의 경제 대국이 되는 것 아닌가. 참 무섭고 놀라운 일이었다.*

일본 경제가 이렇게 어마어마하게 커지면서 일본으로서는 이웃 나라인 한국에 진출하는 문제를 주목하지 않을 수 없었다. 1965

년 10월 한국생산성본부와 일본경제조사협회가 '한일 경제 협력의 방향과 그 배경'이라는 공동 조사 보고서를 내놓았다. 이걸 보면 핵심은 '후진 한국'과 일본은 수직적인 국제 분업 관계를 설정하고, 한국의 풍부하고 값싼 노동력을 활용하기 위해 일본의 노동 집약적 산업과 사양 산업을 한국에 이전할 필요가 있다는 것이다. 경공업, 중소기업을 한국에 많이 이전하고 기술 지도도 해주겠다는 것도 들어 있다. 어쨌건 일본이 한국에 대한 자본 진출을 포함해 경제 진출에서 어떤 구도를 갖고 있었는가, 또 얼마만큼 적극적일 수밖에 없었는가를 여기에서도 알 수 있다.

그래서 1965년 한일 국교가 정상화될 기미를 보이자 일본 재계를 대표하는 경단련(게이단렌), 그리고 일본섬유기계협회, 일본산업기계공업회, 일본경제조사협회 같은 데서 시찰단을 파견한다. 일본 주요 경제 단체가 다 그렇게 해서 '엔화의 매머드 출장'이라고도 부른다. 한마디로 뭔가 될 것 같으니까 일본 기업의 한국행 러시가 막 이뤄지는 걸 볼 수 있다.

한미일 3각 안보 체제 강화 위해
한일 수교 강력히 요구한 미국

── 한일 회담은 미국도 바라는 일이었다. 미국의 전후 동아시아 구상에서 핵심 축인 한미일 3각 안보 체제를 강화하는 데 한일

● 1955년부터 1973년 제1차 석유 파동 때까지 일본 경제는 연평균 10퍼센트 성장했다. 1968년에는 서독을 앞지르며 세계 제2의 경제 대국에 올라섰다.

국교 정상화가 필요했기 때문 아닌가.

한일 회담이 이뤄져야 할 또 하나의 큰 이유가 있었다. 미국의 요구다. 미국은 1950년대에도 이승만 정부에 한일 국교 정상화를 강력히 권했다. 그 때문에도 야당이 '한일 국교 정상화를 해야 한다'는 논리를 적극 펴고 그랬다. 1960년대 들어 미일신안보조약 체결과 함께 미국도 그 부분에 대해 더욱더 중요성을 느끼게 된다. 안보, 경제, 정치를 연결하는 이른바 동아시아 통합 정책이라고 할 수 있다.

1960년대 들어 동아시아 정세가 크게 변화하면서 미국으로서는 그런 필요성이 한층 더 커졌다. 특히 1964년에 가면, 1월에 샤를 드골 프랑스 대통령이 중국을 승인하고 10월에는 중국이 핵 실험에 성공한다.˚ 1950년대부터 미국은 중국 포위 정책을 썼다. 중국 상공에 항상 미국 비행기가 떠서 사진을 찍는다는 이야기가 나오고 그랬다. 1960년대에는 중국의 정치적, 군사적 성장과 더불어 미국으로서는 중국에 대한 포위 정책을 강화할 필요성을 훨씬 더 절실하게 느끼게 된다.

또 이때쯤 되면, 미국이 월남에 대한 개입을 점점 더 강하게 한다. 1963~1964년에는 빠져나오기 어려운 상태가 되고 1965년에 가면 폭격 등의 형태로 개입하면서 수렁 속으로 빠져들게 된다. 그렇지만 유럽의 서방 측은 냉정히 바라봤고, 프랑스의 드골은 미국을

˚ 1949년 국민당이 공산당에 밀려 대만으로 쫓겨 간 후에도 서방 국가들은 마오쩌둥이 이끄는 신중국을 승인하지 않았다. 여전히 미국을 추종해 대만의 국민당 정권이 중국을 대표한다는 태도를 취했다. 이와 달리 드골이 이끄는 프랑스는 서방 국가 최초로 마오쩌둥 정권을 중국의 합법 정부로 승인했다.

　　　　　　　　　　　　　　　　　한일 회담·한일협정

강력히 비판하고 나섰다. 그러한 베트남전쟁 문제 때문에라도 한미일 3각 안보 통합 관계가 미국으로서는 절실하게 됐고, 그 때문에도 미국은 빨리 한일 국교를 정상화하라고 했던 것이다.

박정희가 아니었으면
경제 개발 자금도 못 들여왔다?

— 한일 국교 정상화 문제와 관련해 박정희의 '결단'을 부각하는 경향이 일각에 있다. 박정희가 쿠데타를 일으킨 후 욕먹을 각오를 하고 결단했기에 한일 국교를 정상화할 수 있었고, 그 결과 일본에서 자금을 들여와 경제 개발을 할 수 있었다는 논리다. 달리 말하면, 박정희가 결단하지 않았다면 일본 자금의 국내 유입은 매우 적었거나 그 시기가 상당히 늦어졌을 것이라는 이야기다. 그러나 한일 국교 정상화를 불가피한 것으로 만든 시대의 흐름, 국내 정치 상황과 국제 정세를 두루 살피면 그렇게 보기가 어렵지 않나.

지금까지 한 얘기를 정리하면, 5·16쿠데타가 없었다면 1963년 아니면 1964년을 전후한 1960년대 전반기에 한일 국교 정상화가 이뤄졌을 것으로 보인다. 장면 정부가 짧은 시기밖에 존재하지 못했지만, 그 시기의 한일 회담 진전 상황을 고려하면 그렇게 볼 수 있다. 한일 국교 정상화가 될 수밖에 없던 국내 상황, 일본과 미국의 상황에서도 드러나듯이, 장면 정권이 아닌 다른 민간인 정부가 들어섰다고 하더라도 그러했을 것이다.

1965년 6월 22일 한일협정 조인식. 박정희 정권은 1962년에 한일 국교 정상화 문제를 타결하려고 했다. 그렇지만 그건 억지였고 너무 무리한 짓이었다. 1965년에 가서야 6월에 조인하고 8월에 비준하게 되었다. 이동원 외무부 장관(오른쪽에서 두 번째), 시이나 에쓰사부로 일본 외상(오른쪽에서 첫 번째)이 보인다. 사진 출처: 국가기록원

박정희 정부의 경우에는 1965년 연말에 가서야 한일 국교를 정상화한다. 그해 12월 비준서를 교환하며 국교 정상화가 실현되는데, 박정희 정부의 경우에도 다른 문제만 없었으면 빨리 될 수도 있지 않았나 하는 점도 생각해볼 수 있다.

박정희 정권은 1962년에 한일 국교 정상화 문제를 타결하려고 했다. 그렇지만 그건 억지였고 너무 무리한 짓이었다. 박정희의 민정 참여 문제로 심각한 갈등이 빚어졌고 후반기에 대통령 선거와 국회의원 선거가 있었던 1963년 민정 이양기에는 한 해를 완전히 공치다시피 했다. 한일 회담을 쉴 수밖에 없었다. 사실 선거 기간 중에 1962년의 한일 관계(예컨대 김종필-오히라 메모)가 어땠는가 하는 것만 폭로됐으면 그 선거에서 박정희 쪽은 한층 더 굉장한 어려움

을 겪었을 것이라고 본다. 그런데 야당이 정보 부족 때문인지는 몰라도 1961년과 1962년에 어떤 식의 한일 관계가 있었는지를 잘 모르고 있었던 것 같다. 그래서 선거 쟁점이 전혀 안 되다시피 한 것도 참으로 신기한 일이다.

이렇게 1963년을 공칠 수밖에 없었고 1964년에 가서 3월에 한일 회담을 구체화하려는 순간 엄청난 기세로 반대 운동이 일어나 버렸다. 그러다보니까 미국이 재촉하고 강박했지만 또다시 한 해를 허송세월하게 된 것이다. 그래서 1965년에 가서야 6월에 조인하고 8월에 비준하고 연말에 정식으로 국교 정상화를 하는 방식으로 가는 것이다. 그러니까 박정희 정부 경우조차, 잘 대처했더라면 국교 정상화가 좀 더 빨리 됐을 것 아닌가 하는 생각을 안 할 수가 없다.

한일 회담 반대 운동
왜 박정희 정권 때 거세게 일어났나

한일 회담·한일협정, 두 번째 마당

김 덕 련 이승만, 장면 정권 때와 달리 왜 박정희 정권 때만 한일 회담 반대 운동이 거세게 일어났는지를 살피는 게 중요하다고 강조했다. 그 부분을 찬찬히 짚었으면 한다.

서 중 석 이승만 정권은 누가 봐도 대일 강경책을 썼다. 1953년 구보타 발언 직후 4년여 동안이나 한일 회담을 중지했다.*그 후 재개됐을 때, 그러니까 1957년 기시 노부스케 정권이 들어서서 적극적으로 나올 때조차도 계속 강경책을 썼다.

그뿐만 아니라 친일파를 중용하면서도 반일 운동을 1954년부터 계속 펴지 않았나. 이게 맨 처음에는 한일 회담 문제와 연결되지만, 이승만 정권의 반일 운동은 점차 반공 투쟁화했다. 하토야마 이치로 수상이 중국 접근 정책을 펴고, 그것이 소련과 국교 정상화를 이룬 것에 더해 북한 접근 발언으로까지 이어지면서 그렇게 됐다. 이렇게 반공 투쟁의 일환으로 전개된 반일 운동은 나중에는 민중의 반일 감정을 이용한 정권 유지책으로서 이승만 정권이 무너질 때까지 계속된다.

그러니까 '이승만 정권이 일본에 저자세를 취했다. 굴욕적이다', 이렇게 볼 사람은 아무도 없었다. 오히려 많은 국민들한테는 '이승만 정권이 민족의 자존심을 지킨 것 아닌가', 이렇게 비쳤다. 반일 운동이 어떤 맥락에서 전개된 것인지 잘 몰랐고 한일 회담의 내막도 잘 모르고 있었기 때문이다. 그래서 '이승만 대통령은 민족

● 1953년 10월에 열린 제3차 한일 회담에서 일본 측 수석대표였던 구보타 간이치로는 "한국 통치는 일본이 한국인에게 은혜를 베푼 것"이라는 등의 망언을 했다. 이를 계기로 결렬된 한일 회담은 그 후 4년 반 동안 열리지 않았다.

의 자존심을 보여준 분이다', 이런 생각을 많이 했다. 이와 달리 야당과 언론에서는 '해도 너무한 것 아니냐. 한일 회담을 저런 식으로 해선 안 된다. 한일 관계를 이런 식으로 놔둬선 안 된다'고 계속 비판했다. 그러니까 이때는 거꾸로 됐던 것이다. 야당이 오히려 '왜 한일 관계에 더 적극적이지 않느냐', 이렇게 나왔다.

한일 회담에 적극적이던 장면,
그러나 방식은 박정희와 달랐다

── 4월혁명을 계기로 상황이 바뀐다. 이승만 정권과 달리 장면 정권은 한일 회담에 적극적이지 않았나.

장면 정부의 경우도 짧은 기간이었지만 살펴볼 필요가 있다. 장면이 국무총리로 인준 받은 직후인 1960년 9월 6일 고사카 젠타로 외상이 내한했다. 일본 고위 관리가 해방 후 한국에 처음으로 온 것이었다. 이 사람은 바로 미국에 가서 크리스찬 허터 국무부 장관을 만난다. 그러면서 허터 미국 국무부 장관이 9월 8일 '한일 간의 협력이 아주 중요하다', 이렇게 연설하는 것을 볼 수 있다. 그해 10월 25일부터 제5차 한일 회담이 열렸고 11월에는 대기업이 포함된 민간 경제 시찰단이 한국을 다녀갔다.

장면 정부는 한일 회담을 초정권적으로 하려고 했다. 그래서 정부, 국회, 초당적으로 구성된 외교자문회 같은 걸 통해 한일 협상에 임했다. 그러면서도 비밀 통로 같은 것이 필요하다고 생각해서 박흥식을 비롯한 몇 사람을 개인 사절로 파견하는 것을 볼 수 있다.

1961년 5월 7일 장면 총리가 한국을 방문한 일본 의원단을 접견하고 있다. 장면 정부는 한일 회담을 초정권적으로 하려고 했다. 그래서 정부, 국회, 초당적으로 구성된 외교자문회 같은 걸 통해 한일 협상에 임했다. 사진 출처: e영상역사관

친일파들이다. 그쪽과 잘 아니까 일본에 가서 여러 가지를 하도록 한 것이다.

박흥식은 일제 때 화신백화점 등을 세우며 한때 '조선 제일의 부자'로 불렸다. 해방 후인 1949년 반민특위에서 첫 번째로 검거한 친일파이기도 하다.

1999년 문화일보에 연재된 김동조 전 외무부 장관의 회고 '내가 겪은 한국 외교'에 박흥식과 1950~1960년대 한일 관계를 들여다볼 수 있는 흥미로운 대목이 있다. 이에 따르면, 박흥식은 전범으로 형무소에서 복역하다 풀려난 기시 노부스케를 화신의 도쿄 사무소 고문으로 위촉해 생활을 돌봐줬다고 한다. 장면 정부가 들어선 후, 장면 총리와 가까운 사이였던 박흥식은 김동조를 찾아와 장 총리의 집에 함께 갔다. 이 자리에서 박흥식은 '이번에 도쿄에서 만났을 때 기시 노부스케가 한일 회담에 대한 이야기를 하면서 김동조와 맺은 인연을 설명했다'며 '한국에서 초청하면 일본 중진 의원 몇 사람이 방문할 것'이라고 밝혔다.

5·16쿠데타 후 박흥식은 기시 노부스케와 박정희 사이에서 일정한 역할을 한 인물로 꼽힌다. 김동조는 1965년 한일 회담이 타결될 때 한국 측 수석대표였으며, 정몽준 전 새누리당 의원의 장인이기도 하다.

양원제에서 하원 격인 민의원은 1961년 2월 3일 한일 관계에 관한 결의안을 채택했다. "자주 정신의 견지와 호혜 평등 원칙의 관철이라는 거족적인 요청과 필요성에 입각해" 한일 회담을 점진적으로 추진해야 한다는 결의였다. 또 이 결의에서 민의원은 "정식 국교는 양국 간의 역사적인 중요한 현안 문제의 해결, 그중 특히 일본의 강점으로 인한 우리의 손해와 고통의 청산이 있어야만 성립된다"고 강조했다. 그러면서 경제 협조는 국교 정상화 이후 국내 산업이 침식되지 않는 범위 내에서 해야 한다고 주장했다. 이 결의는 여당인 민주당이 함께한 것으로 대일 교섭의 큰 테두리를 밝힌 것이다. 장 총리는 이 결의안의 취지가 당연하다며 이를 받아들인다. 그러면서 구체적으로 한일 회담을 해나갈 때에는 필요한 경우 국회의 양해를 받으며 하려 한 것으로 보인다.

1961년 봄에 한일 회담은 어려움을 겪었다. 어업 문제, 이게 한일 회담에서 아주 어려운 문제이지 않았나. 사실 청구권 문제는 액수 문제로 여겨졌고 구체적으로는 특히 평화선 문제가 걸려 있는 어업 문제가 얽혀 있었다.[•] 그래서 정일형 외무부 장관이 4월 미국에 가서 딘 러스크 미국 국무부 장관과 회담했다. 5월 초에는 중량급의 일본 자민당 의원단이 내한했는데 이때 동행한 일본 관리는 국교 정상화를 낙관했다.

— 장면 정권도, 박정희 정권도 한일 회담에 적극적인 점은 같았지만 국민들의 반응은 달랐다. 왜 그랬던 것인가.

• 2월 3일 민의원 결의에도 어업 문제 관련 사항, 즉 평화선 수호가 포함돼 있었다.

장면 정권은 한일 회담에 적극적인 자세를 취했지만 국민감정을 거스를 정도로 친일적이진 않았다. 사실 장면 내각은 지일 내각 또는 친일 내각으로도 불렸다. 장면 총리 자신이 1960년 3·15 부정 선거 때 자유당한테 악질적인 공격을 받기도 했지만, 일제 때 친일적인 언동이 있기는 했다. 장면 총리와 내각 주변에는 친일 행위자라고 이야기할 만한 사람이 꽤 있었다. 그럼에도 불구하고, 또 그 때문에도 국민들의 정서를 거스르면서까지 밀어붙이지는 않았다. 장면 집권기에 한일 교섭과 관련해 거센 반대 데모가 일어나지 않았던 건 기본적으로 개방적이고 공식적인 채널을 이용해 한일 회담을 했고 국민에게 쭉 공개하는 방식을 택함과 동시에 외교 자세에서도 민족 감정에 역행하는 처사를 하지 않아 그런 게 아니겠나.

장면 정부 때 대일 청구권 문제를 포함해 한일 간 현안이 진전된 것을 어떻게 평가할지에 대해서는 글을 쓴 사람들에 따라 차이가 있다. 상당히 진전시켰다고 보는 사람도 있지만, 이것에 대해선 사람마다 의견이 다르더라. 사실 진전이 있었다고는 하지만 불과 몇 개월밖에 존속하지 못했던 정권이기 때문에 뭐라고 단정하기가 어렵다. 워낙 짧은 기간이어서 그렇다.°°

°° 제5차 회담이 어떤 성과를 낳았는지에 대해서는 의견이 엇갈리지만, 이 회담에서는 이승만 정권 때와 달리 분과별로 구체적인 논의가 이뤄졌다. 예컨대 청구권 문제의 경우 이승만 정권 때는 실질적인 내용에 대한 논의보다는 법리 논쟁 위주로 전개됐지만, 제5차 회담에서는 청구권 분과위원회를 32차례 열어 청구권의 각 항목을 구체적으로 논의했다.

거센 반대 운동 자초한
5·16쿠데타 세력의 독단과 독선

—— 왜 박정희 정권만 그렇게 심한 반대 운동에 부딪힌 것인가.

그렇게 된 데에는 군사 정권의 미숙함, 무경험, 경솔함, 독단, 독선이 작용하지 않았는가 싶다. 우선 박정희 국가재건최고회의 의장의 경우를 보면 일제 때 하급 장교들이 갖고 있었던 것과 맥을 같이하는 사고방식이 남아 있었던 게 아닌가 하는 생각이 든다. 일제 때 젊은 장교들이 가진 사고는 아주 단순할 수밖에 없었던 것 같다. 주로 군국주의 파시즘 또는 천황제 파시즘과 연결되는 몇 가지 기본 사고를 강하게 주입받지 않았나. 민간인 사회에서 볼 수 있는 것들, 예컨대 복잡하게 사고한다든가 하는 것들을 찾아보기 어렵다.

이분은 해방 후 한때 좌익 활동을 했지만 거기서도 굉장히 고민했다든가 하는 걸 잘 알 수가 없다. 한국전쟁 이후 군 경험이라는 것도 별다른 게 없다. 지휘관으로서 중요한 건 사단장인데 그 사단장에도 그렇게 오래 있지 않았다. 군수기지사령관, 2군 부사령관 같은 직책을 맡은 적도 있지만, 이런 데서 박 의장은 중요한 문제가 생겼을 때 그것에 임하는 적절한 태도나 경험을 충분히 쌓았다고 보기 어렵다. 그러다보니 미숙할 수 있지 않나. 그건 김종필을 비롯한 다른 군인들도 비슷하지 않았겠나 하는 점을 생각하지 않을 수 없다.

군정이라는 것은 정당성을 갖지 못한 것 아닌가, 그래서 1961년 5·16쿠데타가 났을 때 처음에는 일본 측 관료 가운데 '군인 정

1964년 6월 3일 자 경향신문. "박정희 정권 하야"를 외치며 3,000여 명의 대학생들이 세종로에서 경찰과 대치했다고 쓰여 있다. 박정희 정권은 민족 감정을 잘 살피지 않고 한일 회담을 밀어붙여 극렬한 반대에 부딪혔다.

권이라는 건 한시적인 것 아니냐. 그러니 우리가 어떻게 이 사람들과 깊이 있게 논의해 한일 회담을 진전시킬 수 있겠느냐', 이런 이야기를 하는 사람이 있었다. 어쨌든 군정이기 때문에 더 신중을 기해야 하고, 국민들한테 알릴 것은 알리고, 또한 아무리 박정희 자신은 일본 군인 정신을 강렬하게 지니고 있다고 하더라도 민족 감정 같은 것을 여러 가지로 살폈어야 했는데 그렇게 하지 않았다.

그런데 일본 측에선 점차 '군정이니까 좋다. 군사 정권이기 때문에 쉽게 결정할 수 있다', 이런 생각을 했던 것 같다. 예컨대 기시 노부스케를 중심으로 옛날 만주국에서 주로 활동했던 사람들, 또는 만주에 주둔했던 관동군이라든가 만주군에 몸담았던 사람들을 만주 인맥이라고 하지 않나. 이들은 정계, 재계에 영향력이 컸다. 5·16 쿠데타가 났을 때 이 사람들이 박정희 소장의 사진을 보고 '아 이 사람은 다카키 마사오 아닌가'라면서 놀랐다는 이야기도 있다. 그러면서 '한일 관계에 새날이 찾아왔다', 이런 반응을 보였다. 이승만 정권을 생각하면 그럴 만도 하다. 이승만 정권 때 혼나지 않았나.

일본 극우는 왜
박정희의 군정 연장 시도를 적극 환영했나

—— 일본 극우들이 박정희 소장의 사진을 보고 바로 알아봤다는 식의 이야기를 여러 번 들었는데, 그때마다 든 의문이 있다. 박정희가 일제 때 충성을 맹세하는 혈서까지 쓴 건 사실이지만, 해방 전 그렇게 고급 군인은 아니었다. 그런 박정희를 저들이 단번에 알아봤을까 하는 의문이 든다.

그건 과장된 표현이라고 봐야 한다. 박정희가 다카키 마사오라는 사실은 아마도 만주군관학교나 일본 육사 동기생들 또는 만주군 관계자들이 먼저 지적했을 것이고, 그게 신속히 퍼진 것으로 봐야 한다. 군인들 세계에서 그 사람들끼리는 만나고 있지 않나. 그런 만주 인맥이 그 사실을 쉽게 포착한 것이다. 5·16쿠데타가 일어난 후, 박정희가 군인이라고 하니까 저 사람이 누군가 하는 것을 바로 파고들었을 것 아닌가. 그뿐 아니라 박정희 쪽에서도 그쪽과 관계를 갖고자 했다. 사실 5·16쿠데타를 일으키기 전 일본 극우의 핵심 인물들 중에서 누가 박정희를 알았겠는가. 한국 군인들의 상당수도 잘 몰랐는데.

어쨌건 기시 노부스케, 시이나 에쓰사부로, 고다마 요시오, 야쓰기 가즈오, 이시이 미쓰지로 등 만주국을 실질적으로 경영하거나 대륙 침략 과정에서 영향력이 있었던 만주 인맥은 박정희 군사 정권의 출현을 적극 환영했다. 5·16쿠데타 이후에 기시 노부스케가 이렇게 얘기하는 걸 볼 수 있다. "다행히 한국은 군사 정권이기 때문에 박정희 등 소수 지도자들의 나름대로 된다. 따라서 어느 정도의 액수로 박 의장을 만족시키기만 하면 저쪽에는 국회도 없는 것이고, 만일 신문이 이것을 반대한다 하더라도 박 의장이 그들을 봉쇄해버릴 수 있으니까 되는 것이다."●

민정 이양기에 박정희가 군정을 연장하겠다는 뜻을 밝히자, 만주 인맥을 중심으로 한 일본 극우 세력은 적극적으로 환영했다. 기가 찰 일이다. 예컨대 박정희가 군정 연장을 이야기한 바로 다음 날인 1963년 3월 17일, 오노 반보쿠 자민당 부총재는 이렇게 말한다. "지난달 도쿄에서 김종필 씨는 '3월 중순 한국 정치 정세가 서너 번 바뀔 것이며 그 결과는 일본에 유리할 것'이라고 내게 말한 바 있다. 16일 박 의장이 '국민이 승인한다면 군정을 4개년 연장하겠다'고 발표한 건 김 씨의 예측이 옳았음을 보여준다. 군정의 계속이 일본에 유리하리라는 것은 한일 국교 정상화 회담의 조기 타결을 가

● 시이나 에쓰사부로는 1965년 한일 회담 타결 당시 일본 외상이다. 고다마 요시오는 기시 노부스케와 마찬가지로 A급 전범이었고, 일본 정계의 흑막으로 불렸다. 기시 노부스케와 마찬가지로, 시이나 에쓰사부로와 고다마 요시오는 박정희 정권 때 한국 정부로부터 훈장을 받았다. 야쓰기 가즈오는 기시 노부스케의 측근으로 일본 우익의 실력자였다. 이시이 미쓰지로는 일본 참의원 의장을 역임했다.

능케 할 것이기 때문이다. 청구권 문제가 해결되면 어로 및 독도 문제 등의 제諸 난관이 손쉽게 제거될 것이라고 내게 김 씨가 말했던 것에 비추어 난 그렇게 생각한다."

이렇게 일본 측에서는 군정 연장을 환영했다. 그러나 새뮤얼 버거 주한 미국 대사가 앞장서서 군정 연장을 반대하지 않았나. 일본 정부는 미국이 군정 연장을 반대한다는 소식을 듣고, 한일 회담이 조기 타결되지 않겠다며 단념하는 것으로 뉴스가 들어온다. 이와 관련해, 1963년 4월 9일 야당의 허정은 일본 수상을 비롯한 자민당 수뇌가 한국의 군정 연장에 찬성하고 미국까지 설득해보겠다고 하는 건 "해괴하기 짝이 없는 중대 실언"이라고 강도 높게 비판한다.

일본 자민당 정권의 극우 실세들이 이렇게 군정에 호의적인 태도를 취하는 건 나중에 유신 체제에 대해 미국과 또 다르게 아주 호의적인 반응을 보이는 것과 일치한다. 또한 이들은 1979년 12·12쿠데타, 1980년 5·17쿠데타 때 신군부, 그리고 그 후 전두환 정권을 적극 지원한다. 일본 극우 세력이 어떤 사람들이고 왜 그렇게 했는지를 생각해볼 필요가 있다. 하여튼 만주 인맥을 중심으로 한 자민당 간부들이 '군정 하에서 한일 관계가 정상화돼야 한다'고 이야기하는 것을 볼 수 있다.

얽히고설킨 중대사, 한일 회담을
속전속결로 해치우려 한 군사 정권의 무리수

— 일본 극우 세력의 위험성은 흘러간 과거가 아니라 오늘날에도 엄존하는 문제다. 박정희 세력은 그러한 일본 극우를 상대로

한일 회담을 조기에 끝내려 무리수를 두지 않았나.

군사 정권도 '계엄 하에서 아무도 반대 의견을 얘기할 수 없고 모든 정치 활동이 중지돼 야당도 존재할 수 없는 속에서 속결로 한일 회담을 해나갈 수 있다'는 생각을 가지고 있었다. 그뿐만 아니라 한일 교섭을 1962년에 할 때 한국 측 교섭 대표들이 일본 측에다가 "한국의 군정 기간 동안 교섭을 마무리해야지, 민정 이양이 되면 시끄럽다"고까지 이야기했다. 정부를 대표하는 사람들로서 도저히 해서는 안 되는 망언이었다. 그야말로 있을 수 없는 발언이었다. 더군다나 일제 때 군 경력을 갖고 있는 경우 친일 인상을 줄 수 있으니까 더욱더 자주적인 모습, 떳떳함, 당당함을 보여야 하는 것 아닌가. 그런데 그렇게 하지 않고 이런 걸 군정 하에서 속전속결로 해치우려 한다면 그건 문제가 심각하다고 볼 수 있다. 이런 잘못된 자세 때문에 나중에 한일 회담 반대 운동, 한일협정 비준 반대 운동이 폭발하는 것 아니겠나.

그런데 1964~1965년에 큰 반대 운동이 일어나는 건 일본에 대해 박정희가 취한 태도와 관련돼 있었다. 한일 국교 정상화 당시 외무부 장관이던 이동원의 책《대통령을 그리며》에도 이에 관해 언급한 부분이 있다. 이때 그렇게 큰 반대 운동이 일어나는 제일 큰 이유는, 물론 한일 회담 내용도 관련돼 있지만 그것보다는 오히려 일본에 보인 굴욕적 저자세, 졸속 처리하려는 태도 같은 것들이었다.•

• 이동원은《대통령을 그리며》에서 일본의 오만한 태도와 더불어 이 문제를 언급했다. "박 대통령의 '고개 숙임'이 '굴욕 외교'라는 학생 데모의 시발점이 되기도 했지만 거기엔 이후 협상 과정에서 격을 무시한 일본의 외교 행각도 일조했음을 빼놓을 수 없다."

"형님으로 모시겠소"
일본 극우들에게 고개 숙인 박정희

한일 회담·한일협정, 세 번째 마당

박정희는 왜 만주군관학교 시절 교장을
특별히 만나 깍듯이 모셨을까

김 덕 련 장면 정부 때 진행되던 한일 회담은 5·16쿠데타로 중단됐다. 박정희 세력은 5·16쿠데타 엿새 후인 1961년 5월 22일 회담을 조속히 재개하자고 일본에 제안한다. 그리고 그해 가을 한일 회담이 다시 열리는데 구체적으로 어떻게 진행됐나.

서 중 석 박정희 군사 정부에서 한일 회담이 재개되는 것, 그러니까 제6차 회담이 개시되는 때는 1961년 10월이다. 그런데 그해 10월 박정희 의장은 김종필 중앙정보부장을 극비리에 도쿄로 보낸다. 아무도 몰랐다. 이케다 하야토 수상한테 한국의 특사를 보내, 박정희 의장이 미국을 방문하기 전에 정식으로 일본을 방문할 수 있도록 해줄 것을 요청한 것이다. 그래서 11월 3일 이케다 하야토 수상이 한일 회담 일본 측 수석대표인 스기 미치스케를 박 의장에게 보낸다. 스기 미치스케는 수상의 친서를 가지고 왔는데, 친서 내용은 박 의장의 방일을 요청하는 것이었다. 그래서 11월 11일 박 의장이 일본에 내리게 되는 것 아닌가. 그런데 이때 박 의장이 보인 태도에 대해 생각해볼 것들이 있다.

이상우가 쓴 책을 보면, 박 의장이 미국 방문길에 일본에 들렀는데 그때 외무성에 특별히 요청해 만주군관학교 시절의 교장과 동기생들을 만나 회포를 풀었다고 나와 있다. 또 1961년 11월 13일 자 경향신문을 보면, 12일 저녁 영빈관에서 박 의장이 초대한 만찬회가 2시간가량 열렸는데 이 자리에 일본 측에서는 이케다 하야토 수상과 여러 장관들뿐만 아니라 박 의장이 만주군관학교에 다닐 때

1961년 11월 일본을 방문한 박정희가 일본 총리 관저에서 열린 만찬회에서 이케다 하야토 수상 (왼쪽) 등과 이야기를 나누고 있다. 박정희는 만찬회에서 만주군관학교에 다닐 때 교장이던 인물도 만났다. 사진 출처: 국가기록원

교장이던 인물도 참석한 것으로 돼 있다. 이에 대해 이 신문은 만주 군관학교 교장이던 노인이 도쿄도 아닌 "시골에서 참석하여 이채를 띠었다"고 보도했다. 박 의장이 일본에 30시간 머무는 동안 만주군관학교 교장을 만난 건 이렇게 분명하게 확인된다. 다른 자료를 보면, 박 의장이 이 사람에게 깍듯이 예의를 차렸다고 돼 있다.

　나는 박 의장이 만주군관학교 교장 같은 사람을 일본 정부에 요청해 만나고, '최最경례'를 했다는 글도 있지만 '깍듯이' 인사를 한 것은 정말 이해가 안 간다. 군국주의 파시즘이 골수까지 박힌 사람 아니었겠나. 관동군 사령관보다도 이념적으로는 더 골수이기 때문에 만주의 사관학교 교장을 시킨 것 아니겠는가. 아무리 1945년 이전 군인 시절에 대한 향수가 짙다고 하더라도 그런 식으로 만나서 되겠는가 하는 생각이 든다. 훗날 만난 것도 아니고 한국의 실질적인 최고 권력자가 된 후 처음으로 일본에 갔을 때 만주군관학교

시절 사람을 만났다? 이게 한일 회담을 재개하던 시기의 정상적인 만남이냐는 생각을 안 할 수가 없다.

어떤 책에는 박정희가 만주군관학교와 일본 육사를 아주 우수한 성적으로 졸업한 다음에 중국 팔로군과 접전을 벌이고 있던 열하(러허) 지방에서 중위로 근무하면서 이제 자신이 활약할 꿈을 키우고 있었는데 갑자기 일본이 패전함으로써 굉장히 당황하게 됐다고 돼 있다. 그러면서 자신의 정체성 문제에서 심각한 어려움에 직면하게 됐다는 말이다.

박정희한테는 일본 패전 이전의 군인 시절에 대한 상당한 향수랄까 하는 것들이 있었다. 그래서 첫 일본 방문에서 만주군관학교 시절 교장 등을 만나는 '사건'이 일어난 게 아니냐는 주장도 있다. 그렇지만 일제의 패전 후 '군국주의 파시즘은 어떻게든 씻어내야 한다. 새로운 시대에 적합한 것이 아니다. 정말 그건 나쁜 사고다', 이것이 분명하게 드러나지 않았나. 도쿄 재판을 비롯한 일본 전범 처리 과정에서 뿐만 아니라 그 이후 역사에서도 일본 군국주의 파시즘은 단죄 대상이 되고 있는 것 아닌가. 이런 점을 생각하지 않을 수 없다.

한국 짓밟고 대륙 침략한
일본 극우를 흐뭇하게 한 박정희

— 박정희 의장이 기시 노부스케를 비롯한 일본의 실력자들을 만났을 때 보인 모습도 논란거리다. 그런데 박 의장이 이때 보인 모습이 지지부진하던 한일 회담에 활력을 불어넣었다는 시각

도 있다. 어떻게 보나.

일본 도착 다음 날인 1961년 11월 12일, 박 의장은 기시 노부스케, 이시이 미쓰지로, 이케다 하야토, 사토 에이사쿠 같은 사람들과 만났다고 한다.● 이 자리에서 박 의장이 유창한 일본어로 "나는 정치도 경제도 모르는 군인이지만 명치유신 당시 일본의 근대화에 앞장섰던 지사들의 나라를 위한 정열만큼은 알고 있다", "그들 지사와 같은 생각으로 해볼 생각이다"라고 이야기해서 그 자리에 있던 그 사람들이 놀라고 즐거워했다고 한다. 또 박 의장은 자신이 일본 육사 출신이라는 걸 내세우면서 "강한 군대를 만드는 데에는 일본식 교육이 가장 좋다"며 자꾸 일본 정신을 강조했다고 한다. 그래서 기쁘면서도 민망한 생각도 좀 들었다고 이 사람들이 쓴 것으로 나와 있다.

나는 이에 관한 글을 몇 군데서 읽었는데, 약간씩 표현이 다른 것도 있지만 내용은 거의 비슷비슷한데, 도대체 어떻게 이런 일이 있을 수 있는지 아주 놀라웠다. '아 이러면 안 되는데. 이건 지나쳐도 너무 지나친 것 아닌가' 하는 생각이 굉장히 많이 들더라.

그리고 이게 한일 회담에 정말 유리한 행위인가. 일본, 다시 말하면 기시 노부스케를 비롯한 일본의 만주 인맥이 박정희 의장의 태도에 감복해가지고 생각을 바꿔서 한일 회담에서 한국 정부에 유리하게 해줄 사람들인가. 그 점도 깊이 생각해봐야 한다. 박 의장이 일본 전국시대(센코쿠시대)에 관심이 많았고, 그래서 그에 관한 책이

● 사토 에이사쿠는 기시 노부스케의 친동생으로 1965년 한일 국교 정상화 당시 일본 수상이다. 1961년 이때는 통산성 장관을 맡고 있었다.

나 영화를 많이 봤다는 기록이 있다. 도요토미 히데요시, 도쿠가와 이에야스 같은 사람들이 얼마나 무섭고 잔악한 사람들이었나. 매사에 임하는 데 있어 필요하면 자기 가족까지도 이용하고 때로는 죽여가면서 최대한 자기한테 유리하게 모든 걸 이끌어간 사람들 아니었나. 기시 노부스케가 군사 정권과 한일 회담의 관계에 대해 한 말을 지난번에 인용한 바 있지만, 만주 인맥도 산전수전 다 경험하며 대일본제국을 꾸려왔던 사람들인데, 그런 사람들이 한국을 가까이 하려 할 때는 충분한 이유가 있는 것 아닌가. 그런 점에서 볼 때는 박 의장이 생각을 너무 짧게, 단순하게 한 것이 아니었나 하는 생각이 든다.

한 저널리스트는 박 의장이 "명치유신 당시 일본의 근대화에 앞장섰던 지사들의 나라를 위한 정열만큼은 알고 있다", "그들 지사와 같은 생각으로 해볼 생각이다"라고 한 건 사실은 1930년대 소화유신과 연결되는 측면이 있다고 지적했다. 그러면서 박 의장이 5·16쿠데타 결행 전 군부 내 동료들과 밤에 술을 많이 마셨는데 그때 "(1936년) 2·26사건 때 일본의 젊은 우국 군인들이 나라를 바로잡기 위해 궐기했던 것처럼 우리도 일어나 확 뒤집어엎어야 하는 것 아닌가"라고 말했다고 써놓았다.

일제 군국주의에 물든 젊은 군인들이 갖고 있던 사고를 박 의장이 제대로 떨쳐버리지 못한 면모를 이런 만남에서 읽을 수 있고, 그것이 한일 회담에 상당한 악영향을 끼쳤을 수 있다. 더군다나 한국 국민들한테 그런 것이 소문으로 알려지거나 하면 어떻게 되겠는가 하는 점을 생각해볼 수 있다. 사실 만주국을 좌지우지하던 기시 노부스케 같은 사람들이 만주군의 조선인 하급 군인을 어떻게 생각했겠는가, 그러한 군인이 통치하는 정부와 그 국민을 어떻게 생각했을까 하는 점도 생각해봐야 한다.

── 지나친 저자세라는 비판을 자초한 박 의장의 문제 발언은 이
　　것만이 아니지 않나.

　　나는 1965년 한일 회담 조인을 한 당사자인 이동원 전 외무부
장관이 쓴 《대통령을 그리며》에 이런 말이 나오는 걸 보고 또 놀랐
다. 1961년 11월 기시 노부스케 등을 만난 자리에서 박 의장이 이렇
게 얘기했다고 쓰여 있다. "선배님들, 우리를 좀 도와주십시오. 일
본은 분명 우리보다 앞섰으니 형님으로 모시겠소. 그러니 형 같은
기분으로 우리를 키워주시오." 박 의장이 이런 이야기를 했다며 책
에 인용한 것이다. 이건 박 의장이 훌륭하다고, 이렇게 얘기한 것이
참 잘한 일이라고 생각하면서 인용한 것이 분명하다.●

　　이런 걸 접하면서 난 어떤 절벽 같은 걸 느꼈다. 박정희 의장
이나 김종필, 이동원 같은 사람들이 그 당시에 가졌던 사고하고 일
반 한국인들, 지식인들이 가졌던 사고 사이에는 도무지 합치할 수
도 없고 소통할 수도 없는 굉장히 큰 벽이 있지 않았나 하는 생각
이 든다. 이런 식으로 나온 걸 오히려 잘했다고 생각하는 사고가 한
쪽에 있었는데, 다른 한쪽에는 '다른 사람도 아니고 침략자들한테
형님이라니, 해도 너무한 것 아니냐. 이거야말로 굴욕적 저자세 아
니냐. 일본 측에 이용당하는 것 아니냐', 이런 식의 강한 사고가 또
존재하고 있었다. 그러니까 1964년과 1965년에 그런 큰 반대 운동

●　그 자리에 있던 일본 측 인사들 사이에선 "이제야 얘기가 통하는 사람을 만났다"는 반응
　이 나왔다고 한다.

이 일어날 수밖에 없지 않았나 하는 생각이 든다. 오노 반보쿠 발언을 보면서도 그런 생각이 들더라.

"아들 경축일 보러 가 즐겁다"
자민당 부총재의 망발 방관한 청와대

—— 큰 파문을 몰고 오는 오노 반보쿠 발언에 대해 박정희 쪽에선 어떤 태도를 취했나.

1963년 12월 17일 박정희 대통령 취임식이 열리는데, 오노 반보쿠 자민당 부총재가 일본을 대표해서 여기에 왔다. 그때 이 사람이 일본에서 출발하면서 뭐라고 하느냐 하면, "박정희 대통령 권한대행과는 서로 부자지간을 자인할 정도로 친한 사이", "아들의 경축일을 보러 가는 일은 무엇보다도 즐겁다", 이렇게 얘기했다. 일개 자민당 부총재가 한국 대통령이 자신의 아들 같다니! 한국인들이 두고두고 '어떻게 이런 이야기를 할 수가 있느냐'며 분노하게 한 발언 아닌가. 한국인들을 분노에 떨게 할 만한 발언이다. 도대체 대통령 취임식에 가는 사람이 한국을 어떻게 봤길래 이런 말을 할 수 있느냐, 이 말이다.

그렇다면 박 대통령은 적극적으로 '오노 발언은 잘못된 것이다', 이런 이야기를 했어야 한다고 본다. 그런데 이 부분에 대해 박 대통령이 언급한 게 나오지 않는다. 항의라든가, '있을 수 없는 발언이다. 잘못된 발언이다', 이런 이야기를 했다는 것이 안 나오지 않나.

이 발언이 크게 문제가 되고 한국 기자가 이에 대해 물어보니

1962년 12월 10일 한국을 방문한 오노 반보쿠 일본 자민당 의원에게 화동이 꽃다발을 전달하고 있다. 오노 반보쿠는 "박정희 대통령 권한 대행과는 서로 부자지간을 자인할 정도로 친한 사이"라고 말한 바 있다. 사진 출처: 국가기록원

까 오노 반보쿠는 '부자지간이 적당하지 않다면 부부 관계라고 고치자', 이런 식으로 얘기한다.[●] 이것도 참 망발을 계속하는 건데, 그건 한국의 대통령과 정부에서 망발을 방관한다는 걸, 어쩌면 좋아할지도 모른다는 걸 오노 반보쿠가 잘 알고 있었기 때문 아니겠나.

그러니 양쪽 관계자들, 즉 한쪽은 박정희, 김종필이나 이동원 같은 사람들, 다른 한쪽은 학생이나 지식인 같은 사람들, 이 양쪽 벽 사이가 이렇게 크다는 생각이 든다. 이런 것에 대해 비판 세력은 '굴욕적 저자세다. 졸속 처리를 하려는 것이다'라고 하면서 굉장히 강한 반발을 한다.[●●]

[●] 그해 12월 19일에 열린 기자 회견에서 오노 반보쿠는 "가장 애정이 깊은 관계라는 것"을 그렇게 표현한 것이라며 "내외지간(부부 관계) 같은 사이라고 할 걸 그랬나?"라고 말했다.

1962년 12월 10일 김종필 중앙정보부장이 오노 반보쿠를 반갑게 맞이하고 있다. 1961년과 1962년 김종필이 중앙정보부장을 할 때 기세가 등등했다. 김종필의 권력 남용 문제에 대해 최고 회의 내부에서도 굉장히 큰 반발이 있을 정도였다. 사진 출처: 국가기록원

●● 오노 반보쿠는 이 발언 전에도 '대만, 한국을 합한 일본합중국' 같은 위험한 주장을 서슴지 않은 인물이다. 부자지간 발언 파문 당시 언론 보도를 보면, 오노 반보쿠가 박 대통령 취임식에 참석한 후 일본에 돌아가 자국 수상에게 방한 결과를 보고하는 자리에서도 이이야기가 나왔다. 오노 반보쿠가 억울하다는 반응을 보이자, 그 자리에 있던 오히라 마사요시 일본 외상은 "나도 친한 한국 고관을 '아무개 군' 하고 불렀더니 후에 문제가 됐습니다"라며 장단을 맞췄다.

파문 당시 이상백 서울대 교수는 이렇게 지적했다. "일본에서는 '네가 내 자식이다'라고 해도 그리 화를 안 내는 모양이지만 적어도 우리나라의 전통적인 가족 제도에 의하면 이보다 큰 모욕이 있을 수 없다. 일국을 대표하는 중책을 진 사람이 그렇게 경솔한 발언을 했다는 것은 그 사람의 일상적인 대한관對韓觀의 반향이라고밖에 생각할 수 없다."

부자지간 발언 파문은 1965년 한일협정 조인 후 다시 도마에 올랐다. 1965년 7월 5일 자동아일보에 따르면, 그해 6월 22일 한일협정 조인 후 사토 에이사쿠 수상이 주최한 연회에서 이동원 외무부 장관이 일본어로 한국과 일본은 형제국이라고 한 것은 물론 "일본은 형뻘이니 동생을 잘 돌봐달라"고 했다는 보도가 나와 논란이 됐다. 이에 더해 일본 관방장관은 "이 씨가 일한 양국을 형제라고 했지만 사토 수상과 이 씨를 비교하면 부자지간 같은 나이 차이"라고 말했다. 그러자 한국의 야당 의원들 사이에서는 "죽은 오노 반보쿠씨의 부자지간 운운이 아직도 기억에 생생한데, 제2의 부자지간 발언에 이동원 외무 장관마저 동생이라 칭했으니 5,000년 역사가 부끄럽다"는 탄식이 나왔다.

뒤틀린 한일 관계,
박 정권 외교 방식이 반대 운동 촉진했다

── 일본과 교섭하는 방식도 상당한 논란을 불러일으키지 않았나.

교섭 방법에 문제가 심각했다고 볼 수 있다. 예컨대, 1965년에
도 그랬지만 특히 1964년에 한일 회담 반대 운동을 하는 쪽에서 아
주 강하게 비판한 것이 1962년에 만들어진 김종필-오히라 메모라
는 것이다.˙ 그런데 김종필은 이때 중앙정보부장 아니었나. 1961년
과 1962년 김종필이 중앙정보부장을 할 때 기세가 등등했다. 김종
필의 권력 남용 문제에 대해 최고회의 내부에서도 굉장히 큰 반발
이 있을 정도였다. 김종필-오히라 회담 이후에 민주공화당 사전 조
직, 4대 의혹 사건까지 일반 국민에게 알려지게 되는데, 어쨌건 그
런 중앙정보부장 김종필을 보내 밀실에서 타결하게 하는 것을 과연
적절한 방법으로 볼 수 있는 것인가. 박정희 집권기 한일 관계에서
는 외교 관례라고 할까 외교 매너가 무시됐는데, 김종필-오히라 메
모와 관련해 중앙정보부장인 김종필을 특사로 보낸 것이 외교 관례
상 적절한 것인가 하는 이야기를 들을 수 있는 것이다.

또 많은 경우 교섭 및 협상 장소가 회의실이 아니라 도쿄 아카
사카에 있는 요정집이나 서울에 있는 일류 기생집들이었다고 그런
다. 장소를 이런 데로 한 것도 적절한 것인가 하는 이야기가 나올
수밖에 없다. 사실 1960~1970년대 민주공화당의 정치는 요정 정치

˙ 메모 작성 당시 외상이던 오히라 마사요시는 박정희 정권 말기인 1978년에는 일본 총리
가 된다.

라고 한다. 지금도 성북동에는 삼청각이라고 옛날에 요정으로 쓰였던 큰 집이 남아 있는데, 그때만 해도 서울 곳곳에 요정이 있었다. 나중에는 일본 관광객까지 이리로 끌어들여서, 제주도까지 퍼질 정도로 요정이 굉장히 많이 생기고 그런다.●● 1960~1970년대에는 한일 관계자들이 이런 요정에서 많이 만났다. 따라서 반대 세력은 이런 교섭 방법의 문제점을 군사 정권의 '굴욕 외교', 저자세와 연결해 생각했던 것 아닌가, 이렇게 볼 수 있다.

—— 군사 정부의 이러한 문제점들은 평화선을 비롯한 구체적인 쟁점을 다루는 방식에서도 드러나지 않았나.

군사 정권의 미숙성, 굴욕·저자세, 졸속 처리하려는 태도 같은 것들을 적나라하게 보여준 것이 평화선이라든가 청구권 문제다. 평화선 문제를 보면, 1964~1965년 한일 회담 반대 때 제일 강하게 들고나오는 게 '박정희 정권이 평화선을 포기하는 것 아니냐. 평화선을 팔아먹은 것 아니냐'는 비판이었다. 사실 당시 학생 운동을 주도한 사람들, 또 야당 정치인이나 지식인들이 '평화선은 기본적으로 어종 보호선, 어업 보호선이다', 이런 성격을 잘 몰랐을 리가 없다.

●● 일부 일본인들의 '기생 관광'과 맞물리며 '관광 요정'으로 불린 업소들이 1970년대에 많이 늘어났다. 한 자료에 따르면, 1983년에 서울 14곳, 부산 7곳, 경주 4곳, 제주 2곳, 총 27곳의 관광 요정이 있었다고 한다. 그런데 이것은 국가로부터 공인을 받은 곳만 포함하는 수치다. 이준식은 《역사가, '유신 시대'를 평하다》(2012년, 유신 선포 40년 역사 4단체 연합 학술 대회 자료집)에 게재한 논문 '박정희 정권과 국책으로서의 성의 도구화'에서 "여기에 공인되지 않은 요정과 관광호텔에 딸려 있으면서 요정처럼 성적 서비스를 제공하는 '한국관'이라는 이름의 식당까지 합하면 요정의 수는 엄청나게 늘어난다"고 지적했다.

그런데도 평화선 문제를 가지고 '박정희 정권이 주권을 판다. 매국이다', 이렇게 강하게 비판했다. 이게 제일 호소력이 강하니까 그렇게 한 것이다.

이승만 대통령의 최대 업적이 평화선 설치라고 얘기하는 사람들이 있다.[*] 나도 이승만 대통령의 중요 업적으로 평화선을 보고 있다. 이 평화선 문제가 독도 문제와 마찬가지로 얼마나 민족 감정과 연결되기 쉬운가 하는 점을 박정희 정부가 아주 신중하게 고려하면서 여러 가지를 생각했어야 하는데 그렇지 않았다. 한일 회담에 임할 때나 일본과 관계를 맺을 때 그런 신중함을 꼭 가졌어야 했는데, 박정희 정권은 처음부터 그렇게 하지 않았다.

예컨대 평화선 포기 이야기가 정권 초기부터 나오는 것을 볼 수 있다. 5·16쿠데타가 나고 불과 얼마 안 됐을 때인 1961년 7월 초 동남아 지역 친선 사절단장으로 최덕신 중장이 출국했다. 그런데 7월 22일, 최덕신은 대일 관계 개선을 위해 한국 정부가 "평화선 철폐를 고려할 것"이라는 발언을 했다. 이 사람은 10월에 외무부 장관이 된다. 한마디로 자신이 외무부 장관 쪽으로 간다는 걸 생각할 수 있던 사람인데, 이런 발언을 한 것이다.

나중에 평화선 문제가 크게 불거졌을 때 학생들, 교수들,《사상계》등에서 '왜 평화선을 포기하느냐'고 하면서 국제관례를 많이 언급한다. 중국, 남미 국가, 아랍 국가 등을 보면 어족 및 어로 보존 구역을 광범위하게 설정하고 있지 않느냐고 구체적인 예를 들어 공

---

[*] 평화선은 1952년 이승만 대통령이 연안 수역을 보호하기 위해 선포한 해양 주권선으로 '이승만 라인'으로도 불렸다.

박한다. 이런 것에 대해 정부에서 '그건 잘못된 것'이라든가 '맞는 말이지만 우리 현실에서는 불가능하다'든가 하는 반박이나 대답이라도 해주면 그래도 나았을 터인데, 그걸 거의 하지 않았다. 못했다고 하는 것이 더 맞는 말일 것이다.

이렇게 된 건 아예 처음부터 '평화선 문제는 이렇게 하겠다'는 것을 정해뒀기 때문이 아닌가 하는 생각이 든다. 정부 쪽에서 평화선 문제와 관련해 국제관례를 제대로 연구한 것 같지도 않다. 평화선 문제는 해결된 것이나 마찬가지라는 일본 측 주장을 논리적으로 반박하지 않고, 비판 세력의 주장에 대해 언급하지 않은 것도 그런 것 때문 아니겠는가. 1964년에, 그리고 특히 1965년의 경우 제일 반대가 많았던 게 이 평화선 문제인데, 정부의 태도가 오히려 더 많은 의혹을 일으켰고 반대를 촉진했다는 생각이 든다.

박정희 군사 정부는 왜
대일 배상 요구를 그토록 빨리 포기했나

한일 회담·한일협정, 네 번째 마당

박정희-이케다 하야토 회담 후
사라진 배상, 뒷전으로 밀린 평화선

김 덕 련 박정희 최고회의 의장은 1961년 일본에서 한일 회담과 관련해 어떤 발언을 했나.

서 중 석 1961년 11월 12일 박정희 의장과 이케다 하야토 수상이 일본 수상 관저에서 정식 회담을 했다. 박정희-이케다 회담에서 박 의장은 "청구권 문제에 성의를 보여준다면 자유당 정권 같은 막대한 금액의 청구권을 요구하지 않겠다. 경우에 따라서는 정치적인 배상 등도 요구하지 않을 작정이다", 이렇게 말한다.※

　그건 앞으로 한일 회담에서 사용할 전략·전술을 한꺼번에 다 포기해버렸다는 이야기가 된다. 일제의 침략과 강점, 만행에 대해 처음부터 배상을 요구하지 않겠다는 식으로 이야기했다는 건 도무지 말이 안 되는 외교적 언사言辭다. 정말 흉허물 없는 사이라고 생각해서 속마음을 다 털어놓고 얘기했다고 할지 모르지만, 어떻게 일본 수상을 흉허물 없는 사이로 생각하고 이야기할 수 있겠나. 그

　박정희가 일본에 도착한 1961년 11월 11일 저녁 일본 수상 관저에서 만찬회가 열렸다. 그러나 박정희와 이케다 하야토는 이 자리가 아니라, 이튿날 오전 10시부터 두 시간 동안 계속된 정식 회담에서 구체적인 이야기를 나눴다. 회담 직후인 12일 오후 박정희는 기자들을 만나 회담 결과를 설명하는 자리에서 청구권, 평화선 등과 관련해 중요한 발언을 했다. 이를 보도한 1961년 11월 13일 자 동아일보 기사의 해당 부분은 이렇다. "대일 재산 청구권에 대해서 일본 국민이 오해할지 모르나 우리의 청구권은 전쟁 배상이 아니라는 것을 확실히 말한다. 확실한 법적 근거가 있어서 요구하는 것이다. 따라서 일본이 청구권에 대해서 어느 정도의 성의를 갖고 있느냐는 것이 회담 성패의 관건이 될 것이다." "일본 정부가 대일 청구권 문제에 있어 한국 국민이 납득할 만한 성의를 표시한다면 우리는 신축성 있게 평화선 문제를 다룰 용의를 가지고 있다."

리고 청구권에 대해서도 자유당처럼 막대한 금액을 요구하지 않겠다고 한 것도, 청구권 액수만 잘해주면 다른 문제는 넘어갈 수 있다고 언급한 것도, 과연 처음부터 이런 식으로 이야기할 필요가 있느냐 하는 생각을 갖게 한다.

— 청구권, 평화선 등에 대해 박정희가 취한 태도는 나중에 큰 논란을 불러일으키지 않았나.

아사히신문에서 회담 바로 다음 날 보도한 게 있다. 거기에는 "이케다-박 회담이 가져온 성과에서 무엇보다도 주목할 건 청구권 처리 방식에 대해 쌍방이 합의에 도달했다는 것"이라고까지 이야기하는 대목이 있다. 배상은 없다는 것을 가리키는 것으로 보인다. 그러면서 "일본이 청구권 문제에 성의를 보여주면 한국도 평화선 문제를 신축성 있게 처리할 용의가 있다"고 박 의장이 얘기했다고 보도했다.

이게 아주 큰 파문을 불러일으킨다. 한마디로 이케다-박 회담이 청구권 처리 방식에서 얘기한 건 "이제 한국의 대일 청구권 요구는 개개의 한국인의 은급恩給", 이건 일제 때 전쟁과 관련한 활동을 한 사람들이 마땅히 받아야 할 은급을 가리키는 것인데 이것과 "미지불 임금 등을 중심으로 한 청구권이지 배상적인 것이 아니라는 일본 측의 주장을 한국 측이 인정한 것"이라고 이야기했다. 그러니까 맨 처음부터 이런 식으로 저들의 주장을 인정하고 들어가 버렸다고 하면 더 이상 할 얘기가 없는 것 아니냐, 이렇게 말할 수 있다.°

박정희 의장은 11월 12일 이케다 하야토와 한 회담에서 평화선 문제에 대해 신축성을 발휘할 수 있다고 했다. 이건 일본 측으로서는 '평화선 문제는 이제 다 해결된 것이다', 이렇게 받아들일 수 있는 것이다. 지난번에 살핀 것처럼 1961년 7월 최덕신이 대일 관계를 개선하기 위해 한국 정부가 "평화선 철폐를 고려할 것"이라고 한 것도 그렇고, 이런 이야기를 처음부터 한다는 건 있을 수가 없는 것 아닌가.

나중에, 그러니까 1964년과 1965년에 한일협정 반대 운동이 거세게 일어나자 정부는 '우리는 평화선을 포기하지 않았다'고 애써 강조한다. 그렇지만 일본 정부와 내각에서는 몇 번이고 다시 확인한다. 평화선은 한국 측이 포기한 것으로 내각 관계자들이 올린다. 그러니까 국민들이 이걸 어떻게 보겠나. 한국 정부는 아니라고 하는데 일본 정부는 저렇게 나오고 있을 때 많은 사람은 '정부가 평화선을 일찌감치, 처음부터 포기한 것 아니냐', 이렇게 생각했다. 그러니 평화선과 관련해 한국인의 감정에 호소하는 방식으로 한일 회담 반대 시위가 일어나는 것을 초래한 것이라는 말이다. 이처럼 평화선과 관련된 것도 군사 정권의 미숙함, 굴욕적 저자세를 잘 보여준다.

• 한국은 샌프란시스코 강화 조약 당사국이 아니기 때문에 배상 청구권을 요구할 수 없고, 다만 '영토 분리'로 인한 '민사상' 청구권을 '명확한 근거'를 갖춰 요구할 수는 있다는 것이 일본의 기본 태도였다(따옴표는 편집자가 붙임).

한국의 샌프란시스코 강화 조약 참여를
일본이 적극적으로 막은 이유

── 박정희 의장이 "우리의 청구권은 전쟁 배상이 아니라는 것을
확실히 말한다"고 한 것도 논란이 될 수밖에 없는 것 아니었나.

배상 청구권 문제에 대해서도 군사 정부가 여러 가지를 충분
히 고려했는가 하는 문제를 생각해볼 필요가 있다. 배상과 관련해
샌프란시스코 강화 조약을 많이 이야기하지 않나. 그런데 이 조약
을 체결할 때 2차 세계대전 당시 식민지였던 필리핀, 인도네시아,
미얀마(버마), 베트남 다 연합국의 일원으로 초청을 받았다. 물론 이
나라들이 미국, 네덜란드, 영국, 프랑스의 식민지로 있으면서 일본
과 싸운 게 조금 있다. 그렇다 하더라도 한국이 1910년부터 1945년
까지 독립군 활동이나 독립 운동으로 일제와 싸운 것과 이런 나라
들이 잠깐 싸운 것과는 비교가 안 되는 것 아닌가. 그런데도 한국은
초청을 받지 못했다. 이런 점을 생각해야 한다.°

또 한 가지, 배상과 관련해 많은 한국인이 잘 모르는 문제가 있
다. 샌프란시스코 강화 조약에서 가장 직접적으로, 적극적으로 한
국의 참여를 막은 것은 일본이다. 그런데 일본이 무슨 이유로 막았
는가, 이걸 잘 알아야 한다.

2001년 일본 아사히TV가 보도한 건데, 그 보도에 따르면 존
포스터 덜레스 미국 국무부 특별 고문, 조금 있으면 미국 국무부 장
관이 되는 사람인데, 이 사람이 바로 샌프란시스코 강화 조약 초안
담당 특사였다. 이 사람의 초안에는 한국을 대일 전승국으로 명기
하고 있었다. 그런데 이 사람이 요시다 시게루 총리에게 설득당해

서 한국이 조인국에 참여하지 못하게 됐다. 요시다 시게루 총리가 아주 강하게 반대했다.

　요시다 시게루 총리는 한국이 조인국에 참여해서는 안 되는 이유를 문서로 제시했는데, 이렇게 돼 있다. "한국은 일본과 전쟁 상태에 있지 않았기 때문에 연합국의 일원으로 인정할 수 없다." 이건 필리핀, 인도네시아 등에 대해서도 똑같이 이야기할 수 있다. 요시다 시게루의 논리대로 한다면 필리핀, 인도네시아 등도 한국과 마찬가지로 배제했어야 하지만, 그렇게 하지 않았다. 그리고 한국의 독립군은 일본과 계속 싸우지 않았나. 이것을 어떻게 보느냐 하

● 본래 54개 국가(연합국 53개 국가와 일본)가 샌프란시스코 강화 조약 체결을 위한 회담 참석을 요청받았다. 그러나 실제로 샌프란시스코 강화 조약에 조인한 건 48개 국가(연합국 47개 국가와 일본)다. 48개 조인 국가는 다음과 같다(조인 순서는 국명의 알파벳순). 〈아르헨티나, 호주, 벨기에, 볼리비아, 브라질, 캄보디아, 캐나다, 실론(오늘날 스리랑카), 칠레, 콜롬비아, 코스타리카, 쿠바, 도미니카공화국, 에콰도르, 이집트, 엘살바노르, 에티오피아, 프랑스, 그리스, 과테말라, 아이티, 온두라스, 인도네시아, 이란, 이라크, 라오스, 레바논, 라이베리아, 룩셈부르크, 멕시코, 네덜란드, 뉴질랜드, 니카라과, 노르웨이, 파키스탄, 파나마, 페루, 필리핀, 사우디아라비아, 시리아, 터키, 남아공, 영국, 미국, 우루과이, 베네수엘라, 베트남, 그리고 일본.〉
한국뿐만 아니라 중국도 이 회담에 초청을 못 받았다. 중국의 경우 마오쩌둥이 이끄는 중국과 장제스의 타이완 중 어느 쪽을 부를 것인가를 놓고 미국과 영국이 의견 대립을 보였는데, 결국 양쪽 다 초청하지 않는 것으로 귀결됐다. 일본이 실제로 침략한 지역과 샌프란시스코 강화 조약에 조인한 국가들의 면면을 연결해서 생각해보면, 한국과 중국이 빠진 것이 얼마나 이상한 일인지 어렵지 않게 느낄 수 있다.
샌프란시스코 강화 조약은 이처럼 일제 침략의 최대 피해자이자 가장 격렬하게 맞서 싸운 나라들을 배제한 채 체결됐다(1951년 9월 8일 체결, 1952년 4월 28일 발효). 그러한 틀로 짜인 이 조약은 전쟁 책임을 일본에 철저히 묻는 것과는 거리가 멀었다.
이러한 여러 문제 때문에 인도, 유고슬라비아, 버마는 강화 회의에 초청을 받았지만 참가하지 않았고 소련, 폴란드, 체코슬로바키아는 조약 조인을 거부했다. 일본 내에서도 '헌법의 평화 정신에 따라 모든 나라와 강화해야 한다'는 전면全面 강화 운동이 전개됐지만 집권 세력은 이를 묵살했다.
대일 강화 조약을 이처럼 누더기로 만든 핵심 요인은 미국의 세계 전략이었다. 미국은 자국을 정점으로 한 세계 냉전 체제에서 일본을 동아시아 냉전의 보루로 굳히는 형태로 샌프란시스코 강화 조약을 밀어붙였다. 샌프란시스코 강화 조약이 체결된 바로 그날 미일안전보장조약을 맺은 것에서도 이 점은 잘 드러난다.

1951년 9월 8일 샌프란시스코 강화 조약에 조인하는 딘 애치슨 미국 국무부 장관. 일본은 샌프란시스코 강화 조약에서 가장 적극적으로 한국이 조인국에 참여하지 못하게 막았다.

는 문제인 건데, 일본 측은 그런 주장을 펴면서 한국의 참여를 막았다. 더 커다란 이유는 바로 그 뒤에 나온다. "한국이 조인국이 되면 한국인들이 연합국과 동등한 재산 청구권과 배상금을 주장할 것이다. 재일 한국인이 100만 명이나 되는데, 이 사람들이 증명할 수 없는 과도한 배상 청구를 할 경우 일본은 혼란을 피하기 어렵다", 이런 이야기를 한다.●

　전에도 얘기하지 않았나. 한국은 필리핀, 인도네시아 등과는

● 이에 더해 요시다 시게루는 일본에 있는 한국인들이 대부분 공산주의자들이라고 주장했다. 사실 여부와 무관하게 미국이 경기를 일으킬 만한 이야기였다. 결국 요시다 시게루와 존 포스터 덜레스는 1951년 4월 23일, 한국을 샌프란시스코 강화 조약에서 배제한다는 내용의 각서를 체결했다.

다르다. 일본 침략으로 인한 피해가 다방면에 걸쳐 있고, 논의해야 할 대상이 많다. 그렇기 때문에 이 배상 문제도 우리가 강력하게 주장할 수 있는 것이다. 일본 국가가 저지른 일로 인한 피해가 배상 문제의 주요 대상이 되는 것 아닌가. 그렇게 볼 때, 주장할 수 있는 것이 굉장히 많다. 물론 일본 측은 샌프란시스코 강화 조약에 한국의 참여를 막은 것처럼 이것도 똑같이 막으려고 했겠지만, 한국 정부가 상당한 노력은 했어야 하는 것이다. 그런데 박정희 군사 정부는 한일 회담을 다시 열자마자 배상 같은 건 요구하지 않겠다는 식으로 나갔다. 도대체 전략·전술이 있는 사람들이냐, 이런 이야기를 안 할 수가 없다.

일제 35년 지배에 맞서고도
배상 한 푼 못 받은 한국

— 일본에 35년간 짓밟힌 것에 더해, 1951년에는 일본과 미국의 짬짜미에 다시 된통 당한 셈이다. 구체적인 상황에서 차이가 있긴 하지만, 1905년 가쓰라-태프트 밀약(일본은 미국의 필리핀 지배를, 미국은 일본의 한국 지배를 인정한다는 밀약)을 떠올리게 만드는 대목이다.

한국과 중국은 다른 어느 나라보다도 배상을 강하게 요구할 수 있는 나라다. 그런데 박정희 군사 정부는 너무 빨리 배상 문제를 포기하고 청구권 협상으로 들어갔을 뿐만 아니라, 청구권 협상조차 바로 액수 문제로 들어가 버리고 만다. '좋은 조건으로 해주면 된

1962년 11월 13일 한일 회담 등을 논의하기 위해 일본을 방문하고 귀국한 김종필 중앙정보부장이 귀국 인사차 박정희 의장을 예방했다. 사진 출처: e영상역사관

다', 이런 식으로 된다.

한일 회담은 박정희-이케다 회담이 있던 무렵부터 구체적으로 열리다가 1962년 3월 양국 외상 회담이 결렬되면서 별다른 진전을 보이지 않는다. 그러던 중 그해 6월 한국에서는 화폐 개혁 문제가 생기고, 바로 이어서 7월에는 일본에서 제2차 이케다 내각(제2차 개조)이 출범한다. 이때 오히라 마사요시가 외상으로 등장하면서 일본 쪽에서 한일 문제에 박차를 가하게 된다.

박정희 의장은 김종필 중앙정보부장을 특사로 보내고, 김종필은 10월 21일과 11월 12일, 이렇게 두 차례에 걸쳐 오히라 마사요시를 만난다. 그 결과 1962년 11월 12일, 그 유명한 김-오히라 메모가 만들어지게 된다. 이 메모의 요지는 '무상 3억 달러, 유상 2억 달러, 민간 경제 협력 1억 달러', 이런 정도로 김종필과 오히라 마사요시가 합의했다는 것이다. 김-오히라 메모는 밀실 외교, 흑막 외교의 대명사로 불리며 나중에 한일협정 반대 시위 때 악명을 떨치게된다. '어떻게 그런 식으로 합의를 보느냐. 그 뒤에 뭔가 있지 않느냐', 이런 의구심을 불러일으킨 것이다. 어쨌든 한일 회담은 김-오히라 메모에서 마치 일단락된 것처럼 됐지만, 1963년 1월부터 민정 이양기를 맞이하면서 모든 게 멈추고 만다.

—— 1965년 타결되는 한일기본조약과 여러 협정의 내용을 살펴보면, 중요한 여러 문제가 제대로 다뤄지지 않거나 아예 논의조차 되지 않은 것을 알 수 있다. 이는 배상 문제를 그렇게 포기해버린 것과 무관하다고 볼 수 없는 것 아닌가.

과거사 사과, 을사조약과 병합조약 등 조약 문제, 그와 관련된 식민 지배나 강제 연행, 징병, 공출 문제 같은 것들을 한일 회담에서 충분히 논의할 기회를 갖기 어렵게 됐다. 배상 문제가 없어져 버렸으니 이런 문제들이 얼마만큼 얘기될 수 있었겠나. 그래서 청구권에 논의를 국한하게 됐다. 그런데 그것도 구체적으로 청구권의 내용을 가지고 논의한 게 아니었다.

예컨대 '강제 연행된 사람들로 어떤 사람들이 있었는데' 하면서, 그러니까 청구권에서 요구할 여러 사항들에 대해 구체적인 자료를 제시하면서 회의했다고 보기가 어렵다. 구체적인 자료를 모으고 조사하고 연구하는 작업을 청구권 회의 과정에서도 찾아보기 어렵다. 그러니 액수에 치중할 수밖에 없게 되는데, 이 액수는 높더라도 사실 한국인이 만족하기가 어렵게 돼 있었다. 그런데 박정희 의장은 중앙정보부장인 김종필을 보내 이걸 단숨에 처리하게 하는 방

1964년 3월 31일 정일영 외무부 차관이 각 대학 학생 대표에게 김종필-오히라 메모에 대해 브리핑을 하고 있다. 사진 출처: 국가기록원

식으로 진행했다.

　한일 회담에서 밀실·흑막 외교를 상징하는 존재였던 김-오히라 메모는 그 존재가 알려지기는 했지만 제대로 공개가 안 됐다. '그게 어떻다더라'라고 했는데, 그것만으로 끝난 게 아니라 '그 뒤에 또 뭐가 있지 않느냐', 이런 식으로 연결됐다. 그리고 일반인들에게는 잘 안 알려졌다. 이게 공개되는 건 한일협정 반대 운동이 일어나는 1964년 3월 이후로 보인다. 3월 24일 시위가 일어난 후 3월 30일, 박정희 대통령은 학생 대표들을 만났다. 이 자리에서 학생 대표들이 김-오히라 메모 공개를 요구하자, 박 대통령이 공개하겠다고 이야기하는 게 나온다.° 그걸 보더라도 국민들이 사실상 잘 모르고 있었고 그만큼 의혹에 싸일 수밖에 없었다. 이게 공개됐어도 의혹에 싸일 수가 있는 것이기도 했다. 이런 식으로 되니까 여기에 대한

반대 운동이 굉장히 심할 수밖에 없었다.

이러다 보니 군사 정부는 재일 교포의 법적 지위 문제나 문화재 반환 문제 같은 것엔 관심도 갖지 않고 무대책에 가까운 모습을 보인다. 한마디로 조사하고 자료를 모으는 일을 했다는 게 별로 나오지 않는다. 이렇게 되니까 민단계에서도 일각에서 반대하고 그런다. 민단계 청년들을 중심으로 여러 차례 데모하고 그랬다. 재일 교포 문제, 문화재 문제, 청구권, 평화선 문제를 다 들고나왔다.

군사 정권 실정에 쌓이고 쌓인 불만, 굴욕적 한일 회담 반대 운동에서 폭발

—— 한일협정 반대 운동이 거세게 일어난 기본 원인은 일본에 대한 저자세였지만, 그에 더해 여러 국내 요인도 작용한 것으로 보인다. 실제로 어떠했나.

1964년과 1965년에 시위가 그렇게 커진 데에는 박정희 대통령의 전력에 대한 의구심도 작용했다. 종교인들을 비롯한 여러 인사들 가운데에는 박 대통령의 좌익 전력에 대한 의구심이 계속 있었다. 그들이 써놓은 글 같은 걸 보면 그런 게 나온다. 중앙정보부장을 한 김형욱도 회고록에서 그 문제를 제기하지 않나. 박정희의 일제 때 경력이나 군사 정권 때 이뤄진 박정희 방일과 한일 관계,

---

• 그다음 날인 3월 31일 학생 대표 57명에게 김-오히라 메모를 비공식적으로 공개한 것으로 돼 있다.

김종필-오히라 메모와 관련해서 박정희와 일본의 관계도 의심을 샀다.

또 박정희와 김종필의 민족적 민주주의는, 학생이나 지식인 등에게 '그게 도대체 뭔가' 하는 의구심을 계속 자아냈다. '행정적 민주주의를 말한다', 이런 식으로 이야기한 건 있어도 구체적인 내용을 밝힌 건 별로 없기 때문이다. 1963년 선거에서도 이 이야기가 나왔지만, 구체적으로 그것이 무엇이라는 건 별로 얘기를 안 했다. 그리고 5·16쿠데타 직후에 그 많은 혁신계, 진보 세력을 구속한 것에 대해 통일을 희구하는 세력이라든가 학생 등은 상당히 반발할 수밖에 없었다.

그런 것들이 쌓이고 쌓인 것이다. 그리고 '1961년과 1962년에 경제가 잘된 게 하나도 없지 않았느냐. 경제적으로 실정失政이 많고 무능하다', 이런 것들이 1963년 선거에서 도시민의 대다수가 박정희를 안 찍고 야당을 찍는 것으로 나타나지 않았나. 서울에서 박정희는 관권 등을 동원했는데도 37만여 표밖에 못 얻었다. 윤보선이 서울에서 얻은 80만여 표의 절반도 안됐다. 그러한 것들이 1964~1965년에 또다시 폭발한 것이다. 1964~1965년에 그렇게 크게 폭발한 것에 대해서는 이처럼 여러 가지를 살펴봐야 한다.

**굴욕적 저자세는 한일 회담에도,
청구권 액수에도 도움이 안 됐다**

— 당시 상황에서 역사 문제 등을 제대로 해결하고 배상도 충분히 받는 것이 현실적으로 가능한 그림이었나 하는 의문을 품

는 이들도 있다. 박정희가 아니었다면 한국인의 자존심을 충분히 지키면서도 원하는 것을 얻어낼 수 있었다고 보는 건 무리한 것 아니냐는 시각이다.

내 얘기는 박정희가 처음부터 굴욕적 저자세로 나간 게 한일회담에 전혀 도움이 안 됐고 청구권 액수를 정하는 데도 도움이 안 됐다는 것이다. 물론 다른 정권이 했더라도 일본을 상대로는 애먹게 돼 있었다. 일본은 지독한 면이 있고 한국을 아주 깔보지 않나. 그리고 한국을 손에 쥐어야 한다고 생각하고 있었다. 그래도 박정희보다는 나았을 것이라고 본다. 청구권 액수도 박정희가 받아낸 것보다 적지는 않았을 것이라고 생각한다. 왜냐하면 그때쯤 되면 일본엔 줄 돈이 있었다.

─ 이 사안은 한일협정 반대 투쟁을 한 쪽에서 "외세 의존이 아닌 민족적 자립"을 주요 구호 중 하나로 내건 것을 어떻게 볼 것인가 하는 문제와 닿아 있다. 단순화해서 거칠게 말하면, '그게 현실에서 가능한 일이었나? 당시 북한처럼 했어야 한다는 것인가'라는 물음을 던지는 게 가능하다.

그건 상당히 복잡한 문제를 품고 있다. 흑백 논리로 단순한 대답만 할 수 있는 건 아니다. 사실 종교인들이 반대한 이유도 가만히 보면, 저자세와 굴욕적 태도가 제일 크지만 일본 자본의 침투를 경계하는 것도 아주 강했다. 한국이 경제적으로 워낙 약했기 때문이다. 학생들의 경우 그 부분이 문제가 될 수 있다. 매판 자본이라고 하면서 일본 자본 전체를 거부하는 것처럼 보이는 측면이 있었다.

그런 부분은 박정희가 아니라 다른 사람이 교섭할 경우에도 부닥칠 수 있는 문제다. 예컨대 장면 정부 때도 이미 재일 교포를 통해 일본 돈이 들어오고 있었다. 그렇지만 그런 것이 장면 정부 때는 별로 문제가 안 됐다. 하여튼 정부 쪽에서는 그런 돈을 여러 가지 방법으로 들어오게 할 수밖에 없었다. 그래야 경제가 운용된다고 봤기 때문이다. 학생 쪽에서는 그런 것에 대해 민족주의적인 견지에서 강하게 반발할 수 있었다. 그런 건 결국 구체적인 현실과 맞닥뜨리면서 학생들은 학생들대로 자기 생각을 현실화해나가고, 정부는 정부대로 학생 의견을 들으면서 '너무 매판적인 성격을 보이면 안 된다', 이런 점을 또 생각하는 방식으로 갈 수 있는 것이다. 역사에서는 조정과 타협을 꼭 눈에 보이게 하는 것만은 아니다. 은연중에 서로 자기주장이나 정책을 펴가면서 해야 하는 것이다. 그런데 박 정권은 그런 면에서도 경색돼 있었다. 그러니까 학생들도 경색된 태도를 보인 것이다.

1970년대에 '일본 경제에 한국이 종속되는 것 아닌가' 하는 우려, 그러니까 대일 부채 증가에 대한 위기감이 있었다. 정말 심각하게 여기고 있었다. 그와 함께 빈익빈 부익부 현상, 재벌 중심, 이렇게 세 가지는 아주 심각한 문제였다. 그런데 나중에(1980년대 이후) 경제가 발전하면서 대일 부채 증가에 대한 위기감이 상당히 완화된다. 또 세계 경제가 바뀐다. 예컨대 우리는 달러로 빚을 갚고 있는데 달러 가치가 크게 떨어지고 이자율이 갑자기 떨어진다든가 하는 여러 현상이 나타났다. 그렇지만 박정희 정권에 대해 비판해야 할 것은 비판해야 한다.

당시 학생들 주장만 다 옳았다고 보기는 어렵다. 학생들 주장에 비현실적 대목도 적지 않았다. 박현채 선생의 《민족 경제론》에 사실은 좀 문제가 있었다. 개방 시대에 맞지 않는 면이 있었다. 그런데 박 정권 시대는 또 개방 시대라고 할 만한 것도 아니었다. 큰 폭의 경제 개방 쪽으로 나아가는 건 1980년대 이후다. 그전엔 폐쇄적인 면이 있었다. 이렇게 논의가 아주 복잡하게, 어렵게 전개될 수 있는 측면이 있다. 내 말을 요약하면, 정상적인 정부와 정상적인 진보적 경향의 학생이라면 계속 자신들의 주장을 하고 서로 생각을 수정해가면서 최대한 현실적 대안을 찾는 방향으로 나아가는 건데, 박정희의 '군인 정신'이 작용해서 그런 면에서 아주 미숙했고 경색돼 있었다는 것이다.

3·24에 불붙은 한일 회담 반대 시위, 기름 부은 박정희−일본 검은돈 의혹

한일 회담·한일협정, 다섯 번째 마당

김 덕 련 1964년 들어 한일 회담에 속도가 붙는다. '3월 타결, 4월 조인, 5월 비준'설이 널리 퍼질 정도였다. 그렇게 된 이유는 무엇인가.

서 중 석 그해에 들어가면서 한일 회담은 급진전을 보이지 않을 수가 없었다. 미국이 이 무렵부터 베트남 문제에 적극 개입하고, 1964년에는 프랑스와 중국의 수교 같은 일도 생겼다. 그러면서 로버트 케네디 미국 법무부 장관이 1964년 1월 17일 도쿄에서 이케다 하야토 총리와 만난 후 18일 한국에 온다. 1월 29일에는 딘 러스크 미국 국무부 장관이 한국에 와서 한미 공동 성명을 발표했다. 2월 28일에는 러스크 국무부 장관이 주미 일본 대사를 불러 한일 회담 문제 등을 논의했다.● 한마디로 1964년에 들어오면 그 이전 어느 때보다도 미국이 한일 국교 정상화를 강력히 촉구하게 된다.

한국도 1963년 12월 박정희가 대통령에 취임하면서 한일 회담에 속도를 냈다. 박정희 정권이 경제 발전 문제에 신경을 많이 썼기 때문에 그랬다고도 이야기할 수 있다. 그러면서 1964년 3월에 한일 회담이 열리게 되는데, 박 대통령은 한일 회담 타결과 관련해 김종필을 다시 일본에 보낸다. 김종필은 3월 11일 김포공항을 떠나 대만과 베트남을 거쳐 20일 도쿄로 갔다.

이렇게 한일 회담이 급진전할 기세를 보이자 반대 세력들의 움직임도 바로 나타나게 된다. 3월 9일 '대일 굴욕 외교 반대 범국민 투쟁 위원회'가 결성됐다. 야당과 재야 세력이 규합한 단체인데, 범국민투위라는 약칭으로 부르기로 하자. 범국민투위는 3월 15일부

● 이날 딘 러스크 국무부 장관은 주미 한국 대사도 불렀다. 두 나라 대사에게 전한 미국의 핵심 메시지는 한일 회담을 조기에 타결하라는 것이었다.

1964년 1월 29일 딘 러스크 국무부 장관(오른쪽에서 두 번째)이 한국에 와서 박정희를 만나 한미 공동 성명을 발표했다. 사진 출처: e영상역사관

터 전국을 돌아다니면서 "박정희 정권이 3억 달러로 일본에 나라를 팔아먹으려 한다"는 주장을 폈다. 여기에 청중이 아주 많이 모였다. 부산 3만 명, 마산 1만 5,000명, 광주 1만 명이 이 성토대회에 왔고, 마지막으로 3월 21일 서울에서 열렸을 때는 4만여 명이 모였다.

— 3월 24일부터는 학생 시위가 거세게 일어난다. 이때 나타나는 학생 시위는 이전과는 다른 모습을 보였다는 이야기를 듣는데, 어떤 점에서 그러했나.

한일 회담에 대한 반대 투쟁은 3월 24일 학생 시위부터 본격화한다. 이때부터 한일 회담 반대 투쟁이 전면적으로 크게 일어난다.

이날 서울대 문리대, 고려대, 연세대 학생들이 들고일어났다. 이 시위는 4월혁명으로 이야기되는 1960년 3~4월 시위 때와도 조금 차이를 보인다. 조직적이었다. 사전에 시위에 관해 논의해 거리로 나가는 시간도 조율했다. 서울대는 오후 1시 반, 고려대는 오후 3시, 연세대는 오후 4시, 이렇게 순차적으로 나오면서 시위 효과를 극대화하려 했다.

그전에 관련 행사를 할 때도 조직성을 보여줬다. 예컨대 서울대 문리대의 경우 민족주의비교연구회(민비연)가 한일 관계에 대해 23일 강연회를 열었다. 민비연은 1964년 한일 회담 반대 투쟁에서 가장 유명한 학생 운동 단체로 등장하는데, 정치학과 학생들이 주로 모여서 만든 단체다. 연세대에선 24일 장준하와 함석헌의 강연을 듣고 바로 쏟아져 나왔다.

주장과 목표도 선명했고, 시위 방식도 과거와 달리 다양했다. 예컨대 서울대 문리대생은 이날 이완용과 이케다 하야토의 허수아비에 휘발유를 뿌려 화형에 처하는 '제국주의자 및 민족 반역자 모의 화형식'을 하면서 기세를 올렸다. 그리고 나서 거리로 뛰어나왔다. 이와 같이 다양한 형태를 갖는 건 그 후 특히 서울대 문리대에서 많이 나타나지만 다른 대학에서도 많이 보인다. 이화여대에서 경비정 모금 운동을 하는 것도 그런 사례 중 하나다. 그리고 3·24 시위에서는 은연중에 이념성을 보인다.

이런 것들은 그 이후 학생 운동에서 대체로 많이 나타나는 현상이다. 그런 점에서 3월 24일에 일어난 학생 운동은 규모 면에서도 컸지만, 학생 운동이 이때 조직적으로 시작된 것으로 볼 수 있다. 물론 1960년 3~4월 시위에서도 학생 운동이 많이 나타났지만, 그 후 거의 30년간 계속된다고 볼 수 있는 학생 운동과 형태상 비슷한

1964년 3월 25일 자 경향신문. 3월 24일부터
거세게 일어난 학생 시위 양상을 보도하고 있다.

것은 3·24에 더 많이 나타난다. 그런 점에서 3·24에서 학생 운동이 새로운 모습으로 시작됐다고 볼 수 있다.

'굴욕적 한일 회담 중지', 불붙은 학생 시위
기름 부은 검은돈·사찰 의혹과 괴소포

—— 시위에 나선 학생들이 요구한 것은 무엇인가.

3월 24일 세 대학에서 들고나온 것들엔 비슷한 게 있었다. 우선 매국노라는 이야기가 나왔다. 그건 김종필을 가리키는 건데 그 사람과 관련된 구호도 다 나온다. 서울대 문리대에서 이날 채택한 결의문의 첫 번째 항이 "민족 반역적 한일 회담을 즉각 중지하고 동경 체재 매국 정상배는 일로—逸路 귀국하라"였다. 김종필에 대한 강한 불신은 박 대통령에 대한 불신으로 연결되는 건데, 그게 여기서도 나타난 것이다. 그것이 연세대의 경우 "제2의 이완용을 즉시 소환하라"로 표현됐고 고려대에서는 "한일 회담을 즉각 중지하라", "조국은 너희 일인—人의 것이 아님을 알라", 이렇게 나왔다. 직접적

> 경비정 모금 운동은 평화선을 지킬 경비정을 마련할 기금을 모으자는 운동이었다. 실력으로 평화선을 지키자는 취지였다. 운동을 시작한 건 이화여대 학생들이었다. 이화여대생들은 1964년 3월 26일 평화선 수호를 위한 경비정 모금 운동 결의문을 채택했다. 이튿날에는 구체적인 실행 방안도 결정했다. 전교생 7,000명이 한 달간 미장원 출입을 삼가고 루주를 비롯한 화장을 하지 않는 등의 검소한 생활을 통해 절약한 돈을 모으자는 것이었다. 이 운동은 곧 널리 퍼졌다. 예컨대 중앙여중·여고 학생 2,400명이 헌 신문지 800관을 모아 성금 4만 5,015원을 마련하고 혜화국민학교의 한 5학년 학생이 5년간 푼푼이 모은 3,013원을 아낌없이 낸 사례 등을 이 시기 동아일보 등에서 어렵지 않게 찾아볼 수 있다. 당시 평화선이 많은 국민에게 얼마나 민감한 문제였는지를 보여주는 대목이다.

인 표현이 아닌 것 같으면서도 직접적인 표현인데, "너희 일인"이 누구를 가리키는가 하는 걸 통해서 알 수가 있다.

또 세 대학 다 평화선 문제를 들고나왔다. 서울대의 경우 "평화선을 침범하는 일본 어선은 해군력을 동원하여 격침하라", 고려대는 "평화선은 생명선이다", 연세대에서는 "삼천만의 생명선인 평화선을 사수하라"고 외쳤다.

이에 더해 세 대학에서 공통적으로 주장한 것이 경제 문제다. 서울대의 경우 "한국에 상륙한 일본 독점 자본의 척후병을 즉시 축출하라", "친일 주구의 국내 매판 자본가를 타살하라"는 강한 표현을 썼다. 고려대생들은 "한국에 있는 일본 상사를 즉각 철수시켜라"라고 주장했다. 연세대생들은 "악덕 재벌 타도하고 민족 자본 이룩하자"고 외쳤다.

민족 반역자 규탄 및 한일 회담 즉각 중지 요구, 평화선 문제, 경제 문제, 이 세 가지가 세 대학의 요구 사항에 공통적으로 들어 있다. 이와 달리 반미 구호로 여겨질 수 있는 것에 대해서는 상당히 신중하게 나오는 걸 볼 수 있다. 서울대에서만 "미국은 한일 회담에 관여치 말라", 이런 주장을 내놨다. 그와 함께 서울대생들은 "우리의 결의와 행동이 '신제국주의자'에 대한 반대 투쟁의 기점임을 만천하에 공포한다"고 선언했다. 신제국주의라는 이념 문제를 들고나온 것이다. 이후 학생 운동이 민족 자주성을 강조하고, 민족 해방 또는 신제국주의나 외압 세력에 대한 반대 같은 것들이 중요한 이념적 구호로 등장할 것임을 예고하는 것으로 볼 수 있다.

── 3월 24일 불붙은 시위는 점점 규모가 커진다. 4월혁명 때와 마찬가지로 대학생뿐만 아니라 고등학생도 거리에 서지 않았나.

한일 회담 반대 학생 시위(사진 출처: 국가기록원)

1964년 3월 25일 광화문에 모인 대학생 시위대 모습.

1964년 3월 25일 국회 앞에 모인
대학생 시위대 모습.

한일 회담·한일협정

대학생들이 "평화선 사수하자"라고 적힌
팻말을 들고 거리를 행진하고 있다.

다섯 번째 마당

대학생들이 "잊었느냐? 36년"이라고 적힌 플래카드를
들고 행진하고 있다. 이 시기 시위는 주장과 목표도
선명했고, 시위 방식도 과거와 달리 다양했다.

한일 회담·한일협정

대학생들이 어깨동무를 하고
거리를 행진하고 있다.

시위는 3월 25일 더 확대됐다. 마치 연락이라도 한 것처럼 서울 3만여 명, 그리고 부산, 대구, 전주 등 지방 5,000여 명이 시위에 나섰다. 서울에서는 배명, 성동, 수송 등 중·고등학생의 시위로 확대됐다. 학생들은 오후 1시 30분경부터 청와대 앞에 속속 집결했다. 교통이 마비된 세종로 일대에서는 학생들의 외침에 호응해 시민들이 박수를 보내고 환호했다.

이날 상오에 서울 시내 37개 대학 대표 98명과 고광만 문교부 장관 및 무임소 장관, 내무부 차관 등이 중앙청에서 연석회의를 열었다. 이 시기에 박정희 정권은 5·16쿠데타를 일으킨 후 처음 부닥친 대규모 시위에 몹시 당황한 모습이었다. 이 연석회의에서 문교부 장관이 '의사意思 발표를 신중히 해달라'는 내용의 발언을 30분가량이나 계속하자, 학생들은 "장관의 강의를 들으러 여기 온 게 아니다"라고 하면서 결의문을 읽고 퇴장했다. 학생들은 결의문을 통해 한일 회담을 무조건 중지하고 일본에 가 있는 회담 대표를 즉시 소환할 것, 대통령과 연석 회담하는 자리를 만들 것, 구속된 학생을 전원 석방할 것을 요구했다. 구속된 학생들은 이날 거의 다 석방됐다. 한편 이날 한양대 학생 3명이 최루탄에 맞아 중상을 입었다.

3월 26일엔 시위가 더 커졌다. 전국 11개 도시, 6만여 명으로 확산됐다. 지방의 경우 광주, 부산, 대구, 대전 등 큰 도시의 고교생, 대학생들도 데모에 나섰지만 수원, 온양, 원주, 익산, 여수 같은 중소 도시 학생들도 시위에 참여했다. 여기에다 서울에 있는 경기고, 배재고, 보성고, 중동고 같은 데서도 들고일어났는데 경기고 시위가 특히 주목을 받았다. 경기고 학생들은 뉴코리아호텔 앞에서 애국가를 불렀다. 그러면서 "국내 매국 상인을 규탄한다", "잔악한 일본의 경제 침략을 분쇄하자"라고 외치고, 박 정권에 대해 "이게 민족적 민주주의더냐"라고 하면서 이념 문제를 제기했다.

— 박정희와 김종필은 이러한 시위에 어떤 반응을 보였나.

3월 26일 정오 박정희 대통령은 특별 담화를 발표했는데, 추호도 변동 없이 지금 하는 일을 수행하겠다면서 한일 회담에 대해 분명한 태도를 보였다. 이것이 많은 반발을 불러일으켰다. 김종필 공화당 의장은 일본에서 20퍼센트에 불과한 학생이 시위에 참여했으며 이러한 시위에도 불구하고 대일 정책은 변동이 없을 것이라고 말했다.

3월 25일, 26일 시위는 국민들이 그동안 얼마나 한일 회담과 박정희 정권을 불신했는가를 잘 보여준다. 3·24 데모는 조직적으로 일어났지만, 25일과 26일의 시위는 그런 것 없이 이심전심으로 쏟아져 나온 것이었다.

26일에도 시위가 이렇게 커지자 박 대통령은 특별 담화 다음 날인 27일 김종필 소환을 발표했다. 그렇지만 3월 27일에도 시위는 계속됐다. 학생 시위 나흘째인 이날 인천, 천안, 춘천, 청주, 목포, 진주, 충주, 안성 등 전국 16개 도시, 30여 개 대학의 학생들과 중·고교생 3만 2,900여 명이 가두시위에 나선 것으로 보도됐다. 서울대 상대생 1,000여 명은 "매판 자본을 몰수하라", "김종필-오히라 메모를 취소하고 평화선을 사수하라"는 결의문을 채택하고 시위를 벌였다. 이들은 비밀 외교 공개를 촉구하는 뜻으로 저고리를 뒤집어 입고 "일본 상사 물러가라", "미쓰비시 대리점 물러가라"고 외쳤다.

김종필이 3월 28일 귀국함으로써 상황은 일단락됐다. 언론은 김종필 소환으로 그동안의 '측면 외교'가 '공식 외교'로 노선을 변경할 것이 확실시된다고 보도했다. '3월 타결'과 '5월 조인' 가능성도 사라졌고, 한일 국교 정상화는 다시 짙은 안개 속에 묻혔다.

이날 성서상고 남녀 학생들은 김종필이 귀국하는 김포공항에서 굴욕 외교 반대 시위를 벌였다. 이처럼 일부 고교와 대학에서 시위가 있긴 했지만, 서울대와 고려대 학생들은 일단 학원으로 돌아가 정부의 태도를 주시하겠다고 밝혔다.

3월 30일 박 대통령은 서울 시내 11개 종합 대학 대표들을 면담했다. 학생들이 김종필-오히라 메모를 공개하라고 요구하자, 박 대통령은 이를 공개하겠다고 약속했다. 그다음 날 38개 대학 학생 대표 57명에게 김종필-오히라 메모의 내용이 비공식적으로 공개됐다고 알려졌다. 이에 대해 야당의 정일형(민주당 정권 때 외무부 장관) 의원은 국회에서조차 비밀에 부친 외교 문서를 학생들에게 공개한 이유가 뭐냐고 따졌다.

── 이 시기에 한일 간 검은돈 의혹도 불거지지 않았나.

이 무렵, 그러니까 3월 26일 야당의 김준연 의원이 '박정희 정권이 일본으로부터 1억 3,000만 달러를 받았다'고 폭로하면서 박정희의 하야를 요구한 것도 큰 파문을 일으켰다. 이때 김준연 의원이 구체적인 사실까지 적시하면서 발표한 건 아니었다. 이 부분은 나중에 구체적으로 밝혀지게 된다.

이 시기에 박정희 정권이 일본 쪽에서 거액의 자금을 받았다는 내용의 미국 CIA 문서가 2000년대에 들어와서 공개됐다. CIA의 1966년 3월 18일 자 비밀문서에는 일본 기업들이 1961년부터

1965년까지 공화당 예산의 3분의 2를 제공했고 6개 일본 기업이 기업당 100만 달러에서 2,000만 달러까지 모두 6,600만 달러를 건넸다고 쓰여 있다. 이 당시는 경제 사정이 나빠서 박정희 정권조차 정치 자금을 염출하기가 아주 힘들었다는 점을 고려하면 이게 얼마나 큰돈인가를 충분히 느낄 수 있다.

그러한 김준연 의원의 폭로에 이어 사직공원 부근 국유지 부정 불하 사건 등 부정 사건이 크게 터지면서 계속 박정희 정권을 궁지에 몰아넣었다. 이런 것들도 당시 시위에 영향을 줬다.

─── 4월 들어 이상한 사건이 연이어 터지지 않나. 어떤 사건들이었나.

이때 학생들이건 일반 사회인이건 이해하기 어려운 사건들을 정부 쪽에서 저지르면서 시위가 다시 이어지는 양상이 나타난다. 4월 5일 야당의 조재천 의원한테, 4월 8일에는 3·24 서울대 문리대 시위를 주도한 김중태와 현승일한테, 그리고 4월 9일에는 고려대와 연세대 학생에게 괴소포가 배달됐다. 김중태는 이때 구속 상태였는데도 괴소포를 받았다. 소포에는 "당신의 영웅적 행동을 찬양한다. 계속 박 정권 타도에 힘써 달라", 이런 내용의 편지와 함께 100달러

● 김준연은 4월 2일에도 '박정희-김종필 라인이 일본으로부터 약 2,000만 달러를 받았다'는 등 13가지 의혹을 제기했다. 여당인 민주공화당은 김준연을 허위 사실 유포 및 명예 훼손 혐의로 고소·고발했다. 김준연은 4월 25일 구속됐다. 사직공원 부근 국유지 부정 불하 사건은 4월 초 언론을 통해 알려지면서 정치 쟁점이 됐다. 이 사건으로 5월 11일 황종률 전 재무부 장관 등 15명이 구속 기소, 8명이 불구속 기소됐다. 한편 김준연 구속 과정에서 한 정치인이 유명 인사로 떠올랐다. 훗날 대통령이 되는 김대중이다. 1964년 4월 20일 여당이 김준연 구속 동의안을 국회에 상정하자, 김대중은 5시간 19분 동안 의사 진행 발언을 하며 이 동의안 처리를 막았다.

가 들어 있었다. 이걸 받은 사람들은 바로 '이건 모 기관에서 공작하는 것이다', 이렇게 판단했다.*

　이승만 정권 때도 이와 비슷한 일이 있었다. 1954년 11월에 사사오입 개헌이 이뤄지면서 야당은 새롭게 대동단결하려는 움직임을 보인다. 이때 원용덕 헌병 총사령관이 괴문서를 야당 의원들한테 보내는 유명한 올가미 문서 사건이 터졌다. 반이승만적인 야당 의원들에게 올가미를 씌우려고 저지른 행위로, 있을 수 없는 일이었다. 이승만은 원용덕을 두둔하고 나섰지만 그 당시에도 국민의 큰 반발을 샀는데, 1964년에도 이런 불필요한 짓들을 저지름으로써 학생들뿐만 아니라 일반 사회로부터도 빈축을 받고 반발을 사는 걸 볼 수 있다.

　학생들이 학원 사찰 문제를 제기하면서 시위가 다시 일어났다. 4월 17일 서울대에서 학원 사찰을 중지하라는 시위가 벌어지면서 YTP 문제가 거론됐다. YTP는 Young Thought Party의 약자다. 그래서 우리말로는 청사회靑思會라고 불리기도 했는데 그 당시엔 대개 YTP라고 불렸다. 한마디로 박정희 정권 또는 모 기관과 밀착된 극우 청년 학생 단체였는데, 이게 학원 사찰에 나서면서 문제가 불거진 것이다. 당장은 큰 문제가 안 됐지만, 5·20 사건이 일어나면서 YTP 문제는 큰 사건으로 번진다.

　4월혁명 4주년인 4월 19일에 일부 대학에서 시위가 있긴 했지만, 그렇게 큰 시위가 일어나지는 않았다. 20일과 21일에도 학원 사찰을 중지하라는 데모가 서울과 지방에서 일어났고 23일에도 학원

---

* 괴소포를 받은 학생 중 한 명은 훗날 중앙정보부 요원으로부터 이 사건은 자신들의 공작이었다는 이야기를 들었다고 증언했다.

사찰 중지와 한일 회담 반대를 주장하는 시위가 일어나기는 했다. 23일에는 서울대 문리대에서 '학원 사찰 및 학원 분열에 대한 보고서'를 공개하면서 성토대회를 열었다. 여기서 집중적으로 YTP 의혹 사건을 폭로하고 다른 사찰 문제도 제기했다.[**] 그렇지만 5월 20일까지 큰 학생 시위가 일어나지는 않았다.

•• 이 보고서에는 중앙정보부가 학생들을 포섭해 대학가 정보를 수집하고 이들에게 돈을 줬다는 등의 내용이 담겼다.

사망 선고된 박정희의 '민족적 민주주의', "박 정권 물러나라"로 번진 6·3운동

한일 회담·한일협정, 여섯 번째 마당

박정희 대통령의 정치 이념을 정면 부정한
민족적 민주주의 장례식

김 덕 련 일본에 저자세로 일관하는 것에 분개하며 3월부터 들고일어난 한일 회담 반대 운동은 그 후 성격이 변화한다. 박정희 정권이 일본에서 검은돈을 받았다는 의혹이 제기되고 국유지 부정 불하 사건, 괴소포 사건, 학원 사찰 문제 등이 연이어 터지면서 한일 회담 반대 운동은 민주주의 운동으로서 성격을 강화한다. 그런 속에서 5월 20일, 오늘날에도 심심찮게 거론되는 인상적인 사건이 일어나지 않나.

서 중 석 5월 20일 그날, 또 하나의 전기를 마련하는 민족적 민주주의 장례식이라는 게 치러진다. 그런데 그 이전에, 5월 18일 서울대 문리대 정치학과 학생들을 중심으로 5·16 평가 강연회를 열었다. 여기에 이효상 국회의장도 나오고 고려대 김성식·이항녕 교수, 소설가이자 이때 조선일보 편집국장이었던 선우휘, 야당 정치인 김도연, 거기다 학생 대표도 연사로 나섰는데 거의 다 "5·16은 4·19의 계승이 아니다"라는 쪽으로 주장했다. 학생 대표 김도현은 "5·16은 3권을 장악하고 구질서를 확대, 강화시켜놓았을 뿐이다. 따라서 5·16은 4·19를 전면적으로 배반"한 것이라고 박정희 정권을 맹렬히 공박했다.

5월 20일 드디어 학생 운동사에 한 획을 긋고 6·3사태로 달려가게 하는 민족적 민주주의 장례식이 열린다. 이건 학생 운동사 전체로 보더라도 중요한 한 전기를 이루는 사건이다. 이날 민족적 민주주의 장례식 및 성토대회가 서울대 문리대 교정에서 학생 수천

大學街에 다시 低雲
學生聲討大會
警察超緊張 千餘名動員
又催淚彈을發射
學生들은돌팔매

1964년 5월 20일 자 동아일보. 학생 운동사에 한 획을 긋고 6·3사태로 달려가게 하는 민족적 민주주의 장례식을 다루고 있다.

명과 시민 1,000여 명이 모인 가운데 열렸다. 대회장에는 '축 민족적 민주주의 사망'이라는 조기가 서 있었다. 이 자리에서 민족적 민주주의를 비판하는 선언문과 '반민족적·비민주적 민족주의 장례식 조사'라는 게 읽혔다. 성토대회가 끝나자 검은 관을 메고 "아이고, 아이고" 곡을 하면서 시위에 들어갔다. 학생들은 시민의 열띤 호응을 받으면서 거리로 나아갔다. 그러자 무술 경관 등이 관과 만장을 부수고 학생들에게 곤봉 세례를 퍼부었다.

이게 5·20 민족적 민주주의 장례식이라고 불리는데, 이 장례식과 성토대회, 시위에서는 철저하게, 정면으로 박정희 정권의 정치 이념을 치받고 부정했다. 1980~1990년대까지 계속된 학생 운동과 연결되는 측면이 있기 때문에 이들이 어떤 주장을 했는지를 살펴볼 필요가 있다.

— 박정희 정권의 정치 이념을 정면으로 부정한 근거는 무엇인가.

5·20 선언문에는 이런 내용이 담겨 있다. "4월항쟁의 참다운 가치성은 반외압세력, 반매판, 반봉건에 있으며 민족 민주의 참된 길로 나아가기 위한 도정이었다. 5월 쿠데타는 이러한 민족 민주 이념에 대한 정면적인 도전이었으며 노골적인 대중 탄압의 시작이었다." 여기서 "4월항쟁의 참다운 가치성은 반외압세력, 반매판, 반봉건에 있으며", 이건 4월혁명 1년 후인 1961년 서울대 학생들이 발표한 4·19 제2선언문에 있는 내용이다.

군사 정권이 독재로 기본권을 유린해 민주주의의 가능성을 말살했다는 내용도 있다. 민주주의 장례식이라는 것과 관련된 대목이라고 볼 수 있다. 그러면서 사리사욕, 부정부패가 아주 심하고 조작과 날조를 하며 "노동자, 농민의 소비 대중에게 실업, 기아 임금, 살인적 물가고를 선물하면서 매판성 반민족 자본의 비만을 후원하였다"고 돼 있다. 이것도 그 뒤 학생들 선언문에 많이 나오는 내용이다.

그러면서 박 정권이 내세운 민족적 민주주의가 민주주의적 민족 해방 운동의 과학적 이념이 되지 못하고 '수렴적' 정보 정치를 합리화하기 위한 탈춤으로 분장扮裝됐다고 비난했다. 나중에 학생들은 폭력 정치, 테러 정치, 공포 정치 같은 것으로도 박정희 정부를 비판한다. 민족적인 것과 관련된 것으로는 매판성 반민족 자본을 키워줬다는 부분 이외에도, 군사 정권이 권력으로 민족적 양심 세력의 단초적 맹아를 삭제했다는 대목이 있다. 5·16쿠데타 직후 혁신계, 학생들을 대량으로 체포해 반국가 행위자로 단죄한 걸 비판하는 대목으로 볼 수 있다. 5·16쿠데타 직후의 그런 행위가 반민족적인 것이었다고 해석한 것이다. 그러면서 "국제 협력이라는 미명 하에 우리 민족의 치 떨리는 원수인 일본 제국주의를 수입하여 대미 의존적 반신불수인 한국 경제를 이중 예속의 철쇄에 속박하는 것이 조국의 근대화로 가는 첩경이라고 기만하는 반민족적 음모를 획책하고 있다"고 비난을 퍼부었다.

이날 채택한 결의문에는 "일본 예속으로 직행하는 매국의 한일 굴욕 회담을 전면 중지하라"는 요구와 함께 "군사 정부는 5·16 이래의 부정, 부패, 독선, 무능, 극악의 경제난, 민족 분열, 굴욕적 한일 회담 등 역사적 범죄를 자인하고 국민의 심판에 부쳐라"라는 대목도 나온다.

5·20 선언문은 박정희 대통령과 김종필의 민족적 민주주의를 정면으로, 그것도 아주 철저하게 부정했다. '박정희 정권이 국가 자주나 민족 문제에서 안티 세력이다. 친일 외세 결탁 세력이다'라는 점을 강렬하게 얘기했다. 그러면서 학생들이 자신들이야말로 민족 통일과 국가 자주를 위한 세력, 민주주의 수호자, 그리고 민족 경제를 위한 세력이라고 설정한 것을 볼 수 있다. 이런 점에서도 그 이후 나타나는 학생 운동과 연결되는 측면이 많다.

세태 풍자의 시인 김지하,
장례식 '조사'로 전면에 등장

—— 이날 읽힌 '반민족적·비민주적 민족주의 장례식 조사'는 오랫
동안 사람들 입에 오르내리게 된다. 어떤 내용이었나.

이 조사가 화제가 많이 됐는데, 그때까지 이름이 많이 안 알려
져 있던 미학과 학생 김지하가 "급히 쓰라"고 해서 썼던 것으로 알
려져 있다. 이 조사를 몇 구절만 읽어보자.

"시체여! 너는 오래전에 이미 죽었다. 죽어서 썩어가고 있었다.
넋 없는 시체여! 반민족적·비민주적 민족적 민주주의여! …… 시
체여! 죽어서까지도 개악과 조어造語와 식언과 번의와 난동과 불안
과 탄압의 명수요 천재賤才요 거장이었다. 너 시체여! 너는 그리하
여 일대의 천재요, 희대의 졸작이었다. 구악을 신악으로 개악하여
세대를 교체하고 골백번의 번의의 번의를 번의하여 권태감의 흥분
으로 국민 정서를 배신하고, 부정 불하, 부정 축재, 매판 자본 육성
으로 '빠찡꼬'에, '새나라'에, 최루탄 등등 주로 생활필수품만 수입
하며 노동자의 언덕으로 알았던 '워커힐'에 퇴폐를 증산하여 민족
정기를 바로잡아 국민 도의를 고취하고 경제를 재건한 철두철미 위
대한 시체여! 해괴할손 민족적 민주주의여!"

여기서 천재賤才는 김지하가 즐겨 쓰는 문투다. 번의는 1963년
2·18 성명과 2·27 선서를 통해 민정 불참을 약속했던 박정희 의장
이 손바닥 뒤집듯 태도를 바꾼 것을 가리킨다. '빠찡꼬', '새나라',
'워커힐' 부분은 4대 의혹 사건을 말한다. 전체적으로 김지하 특유
의 해학과 풍자, 조롱이 잘 드러나는 글로, 몇 년 후에 출현하며 세

상을 풍미하게 될 '오적'과 '비어'의 선구자 격 작품이다.

이 조사에서 김지하는 박정희를 직접 지목해 이렇게 썼다. "박 의장의 이른바 민족적 민주주의여! 너의 본질은 곧 안개다. …… 너는 안개 속에서 살다가 안개 속에서 죽은, 우유부단과 정체불명과 조삼모사와 …… 한없는 망설임과 번의, 종잡을 길 없는 막연한 정치 이념, 끝없는 혼란과 무질서와 굴욕적인 사대 근성, 방향 감각과 주체 의식과 지도력의 상실, 이것이 곧 너의 전부다."

김지하는 이 조사가 낭독되기 전까지는 학생 운동권에서 변두리에 있었는데, 이때부터 중요 인물로 주목을 받았다. 6·3운동의 산실이라고도 볼 수 있는 서울대 문리대 운동권의 핵심은 정치학과의 김중태, 현승일, 김도현 등이었다. 김중태와 현승일은 경북고를 졸업했고 김도현은 안동 출신으로 그 후 유행하게 되는 이른바 TK였다. 믿기 어렵겠지만 TK가 6·3운동에서만 큰 역할을 한 것이 아니라 1965년 한일협정 비준 반대 운동에서도 서울대 문리대에서 중요한 역할을 했다. 박정희 정권을 강력히 비판한 세력이, 그래서 박 정권을 여러 차례 궁지로 몰아넣은 사람들이 박 정권과 전두환·신군부 세력을 지켜준 핵심 실세인 TK와 똑같이 TK였다는 것은 대단히 흥미로운 사실이다.

법원에 난입한 무장 군인들,
송철원 납치·고문한 중앙정보부

— 통렬한 풍자이자 노골적인 조롱이다. 박정희 정권의 핵심 인사들은 속이 부글부글 끓었을 것 같다.

5·20 민족적 민주주의 장례식에 대한 박 정권의 분노는 대단했다. 21일에 무장 군인들이 법원에 난입해 5·20 시위 관련자들한테 영장을 발부하라고 판사를 협박했다. 이러한 무장 군인들의 난입 사건과 함께 학생들과 국민들을 분노케 한 것이 바로 YTP 사건을 폭로한 서울대생 송철원을 납치·고문한 사건이었다.

송철원은 민족적 민주주의 장례식에서 조사를 읽었다. 그러한 송철원을 납치해 모처로 끌고 가 '5·20 장례식을 주도한 김중태 등의 거처를 대라'면서 마구 매질을 한 끝에 송철원이 쓰러지자 담뱃불로 손을 지지는 등 고문을 가했다. 신문에서 송철원 고문 사건을 연일 다뤘을 뿐만 아니라, 인권 옹호 단체들과 야당에서 막 들고일어나면서 이 사건이 커졌다. 이렇게 송철원 사건이 커지면서 5월 29일 김형욱 중앙정보부장이 사표를 내기에 이르렀다. 그런 속에서 5월 30일 또 하나의 큰 사건이 일어나면서 6·3사태로 직행하게 된다.

송철원은 친구 집에서 자다가 21일 0시 40분쯤 자칭 '중부서 형사'라는 괴한들에게 끌려갔다. 괴한들은 '파묻어버릴 수도 있다', '우린 경찰과 다르다'고 위협하며 송철원을 고문했다. 결국 실신한 송철원은 경찰병원 침대에서 깨어났다. 경찰은 그렇게 고문을 당한 송철원을 붙잡아두고 5·20 장례식과 관련해 조사했다. 송철원은 22일 밤 11시 무렵에야 귀가할 수 있었는데, 그 후 보름간 몸을 제대로 움직이지 못했다고 한다.

송철원이 고문 사실을 폭로하자 여론은 들끓었다. 수사를 회피하는 듯한 모습을 보이던 검찰은 결국 5월 27일 수사에 착수했다. 그로부터 3일 후인 5월 30일, 중앙정보부 서울지부 제3과 수사계 요원 3명이 구속됐다. 이들은 "송 군이 말을 잘 안 들어 몇 대 때렸을 뿐"이라며 담뱃불 고문 등을 부인했다. 송철원은 가해자가 7명이라고 주장했지만, 중앙정보부 요원 3명을 구속하는 것으로 수사는 일단락됐다. 그렇지만 나는 새도 떨어뜨린다는 이야기를 듣던 중앙정보부 요원이 이처럼 시민을 고문했다가 구속된 건 유례를 찾기 어려운 일이다.

한편 박정희 대통령은 김형욱 중앙정보부장의 사표를 반려했다. 당시 박정희 정권은 민족적 민주주의 장례식을 폭동으로 간주한 반면, 총을 찬 군인들이 법원에 난입한 사건은 우국충정에서 비롯한 우발적 행동이라는 태도를 취했다.

—— 어떤 사건이었나.

5월 30일 이날 서울대 문리대 학생들이 자유 쟁취 궐기 대회라는 걸 열었다. 여기서 학생들은 시위 주도 학생을 징계하고, 무장 군인이 법원에 난입한 것은 물론 경찰이 학원에 난입하고 교수를 구타하며, 중앙정보부가 학생을 납치·고문한 것 등을 강도 높게 규탄했다. 그리고 최루탄 박살식이라는 걸 했다. 여기서 〈최루탄가〉가 등장한다.

최루탄가는 내가 대학교 초년 시절에, 술만 마시면 우리 친구들이 제일 많이 부른 노래다. 1960년대 학생 운동에서 잊을 수 없는 애창가가 이 〈최루탄가〉다. 〈새야 새야 파랑새야〉 곡조에다가 가사를 "탄아 탄아 최루탄아 / 8군으로 돌아가라 / 우리 눈에 눈물지면 / 박가분朴家粉이 지워질라 / 꾸라 꾸라 사꾸라야 / 일본으로 돌아가라 / 네가 피어 붉어지면 / 샤미센이 들려올라", 이걸로 바꾼 것이었다. 이 가사도 김지하가 썼다고 한다.

학생들은 이런 행사를 치르고 나서 집단 단식 농성에 들어갔다. 집단 단식 농성은 학생들의 폭넓은 호응을 받기 시작했다. 그뿐 아니라 신문과 라디오에서 이 상황을 자세히 보도했다. 함석헌은 단식 농성장을 찾아 "자유와 정의를 위한 투쟁 방법으로는 단식 농성이 가장 좋다"면서 단식 투쟁 방법까지 설명했다. 단식을 하던 학생이 쓰러지면 떠메어 문리대 앞에 있는 의대로 실어갔는데 이것도 크게 보도됐다.

그러면서 31일 그 규모가 더 커졌다. 이날 밤 학생들은 〈위대한 독재자〉라는 풍자극을 공연했는데, '박산군'(박정희+연산군)과 '김완용'(김종필+이완용)을 무대에 등장시켰다. 집단 단식 농성은 6월에 들어가면서 계속 확산됐고, 여러 대학에서 시위가 일어났다. 6월 2일 고려대에서는 "박정희 대통령은 하야하라"는 주장으로까지 나타나게 됐다. 고려대생 시위의 중요 요구 중 하나가 "주관적인 애국 충정이 객관적인 망국 행위임을 직시하고 박 정권은 하야하라", 이것이었다. 고려대생들은 시청 옆 국회 의사당 앞에서도 "박정희는 즉시 하야하고 여야 협조하라"고 외쳤다. 전에 최장집 교수에게 물어보니 자기가 박정희 하야를 주장해서 써넣은 것이라고 하던데, 하여튼 이제 5·20 시위에서 더 나아가서 박정희 하야 요구까지 나타나는 것을 볼 수 있다.

굴욕적 한일 회담 반대에서
"박 정권 물러나라"로 번진 6·3운동

—— 3월 24일부터 본격화한 한일 회담 반대 시위는 6월 3일 정점에 이른다. 그날 상황은 어떠했나.

이렇게 대학가와 사회가 끓고 있는 상황에서 6월 3일, 6·3사태로 불리는 큰 사건이 일어났다. 서울, 수원, 대전 등지에서 1만 5,000여 명의 학생이 거리로 뛰쳐나와 "박 정권 물러나라" 등의 구호를 외치며 시위를 벌였다. 서울대 농대가 이날 시위를 제일 먼저 시작했다. 수원에 있던 농대생 600여 명이 아침 6시에 발대식을 한 다음에 서울까지 도보로 행진했다. "말라빠진 농민 모습 이것이 중농이냐", "자유당이 무색하다 부정부패 일소하라" 같은 구호를 수원 시내를 통과할 때도 외치고, 서울을 향해 150리가 넘는 길을 걸어

한일 회담 반대 데모(사진 출처: 국가기록원)

대학 교문 앞뒤로 시위대와 진압 경찰이 대치하고 있다.

거리에 최루탄이 발사된 가운데 시위대가
경찰들의 모습을 주시하고 있다.

위. 시위를 벌인 시민들과 경찰들이 거리에
뒤섞여 있다.
아래. 진압 경찰에 연행되고 있는 시민들.

진압 경찰에 포위된 시위대.

시위대가 스크럼을 짜고 구호를 외치며 행진하고 있다.

최루탄이 발사되자 시위대가 황급히 흩어지고 있다.

거리로 쏟아져 나오는 시민들.

한일 회담·한일협정

진압 경찰들이 조금씩 시위대 쪽으로 움직이고 있다.

오면서도 외쳤다. 또 일반 사람들은 엄두도 내기 힘든 대단한 행보行步였다. 고려대생들은 "4·19 정신과 민족적 이익에 역행하는 '매국' 박정희 정권은 하야하라"는 결의문을 발표하고 거리에 나섰다.

그 밖에 연세대, 한양대, 성균관대, 동국대, 홍익대, 숭실대, 건국대, 경희대, 중앙대 학생들도 쏟아져 나왔다. 서울대에서는 의대, 약대, 치대, 사범대, 음대에서 참여했고 지방에서는 충남대 농대, 청주상고, 제주상고 학생들이 데모를 벌였다. 학생들은 "무단 정치 박정권은 민족 위해 물러서라", "썩고 무능한 박 정권 타도" 등의 플래카드를 들고 경찰과 충돌하면서 국회 의사당, 세종로, 중앙청으로 향했다. 대학생 7,000~8,000명이 중앙청 앞으로 몰려오면서 광화문 일대는 혼란에 빠졌다.

이날 대규모 시위의 대단원은 단식 100시간을 돌파한 때라고 하는 오후 다섯 시경, 서울대 문리대에서 단식하던 학생들이 단식을 중단하고 가두시위에 나서면서 그 막이 올랐다. 이건 전에 김지하한테 자세히 들었는데, 송철원을 들것에 싣고서 단식할 때 깔고 누웠던 가마니를 뒤집어쓴 채 태극기를 앞세우고 교문을 나섰다고 한다. 참으로 보는 사람들이 여러 가지 생각을 갖게 하는 시위였다. 단식 중이던 서울대 법대생들도 합류했다. 그러면서 시위가 더욱더 확산됐다.

가장 격렬한 시위는 당시 중앙청이 있던 세종로 일대에서 벌어졌다. 세종로 시민회관과 USOM(유솜, 주한 미국 원조 협조단) 건물 앞에 경찰 제1저지선이 있었는데, 학생과 시민 1만여 명이 여기에 걸려 일단 멈췄다. 유솜 건물은 오늘날 대한민국역사박물관이 있는 쪽이다. 오후 세 시 무렵, 학생들이 철조망 한 개를 끌어내고 돌을 던졌다. 그러자 경찰은 최루탄을 발사했는데, 이때 공수 부대 풍

차까지 동원했다. 하지만 학생들은 경기도청 앞 제2저지선과 중앙청 정문 앞 제3저지선을 연이어 돌파했다. 지금 대한민국역사박물관 옆쪽에 조그만 공원이 조성돼 있는데, 그때는 그 자리에 경기도청이 있었다. 그리고 지금 광화문이라는 현판이 달려 있는 데가 중앙청 정문이었다.

시위대는 효자동 쪽에 있는 조달청 앞, 그게 제4저지선인데 여기까지 밀려들어 청와대를 포위하는 형국이었다. 청와대는 이날 중무장한 공수 부대가 경비하고 있었다. 오후 7~8시경 학생 시위대는 해산했다. 시위 과정에서 일부 시위대는 경찰 차량을 파괴하기도 했다. 또 일부 시위대가 군경 차량을 탈취해 몰았는데, 이들이 누구인지는 알 수 없었다. 시민들 반응은 어땠느냐. 일부 시민들은 거리에서 학생들을 격려했지만, 적잖은 시민들은 무표정한 모습을 보여주기도 했다. 이게 그 유명한 6·3사태다. 3·24부터 6·3까지를 6·3 운동이라고 부를 수도 있다.

6·3사태로 궁지에 몰린 박정희?
오히려 장기 독재 발판 마련했다

한일 회담·한일협정, 일곱 번째 마당

군대 동원한 박정희, 힘 실어준 미국
장기 독재 디딤돌이 된 6·3 계엄

김 덕 련 한일 회담을 굴욕적인 방식으로 해서는 안 된다는 목소리
가 높았지만, 박정희 정권은 군대를 동원해 이를 힘으로 눌렀다. 군
대 동원은 미국의 동의가 필요한 일 아닌가.

서 중 석 1964년 6월 3일 오후 4시를 지나서 새뮤얼 버거 주한 미국
대사, 해밀턴 하우스 유엔군 사령관이 헬리콥터를 타고 청와대로
이동했다. 미국이 확고히 박정희 대통령을 지지하고 있다는 걸 보
여준 것으로 이걸 많이 해석하고 있다. 박 대통령은 이날 오후 4시
40분부터 약 2시간 동안 청와대에서 이 사람들과 함께 계엄 선포
에 따른 병력 이동 문제를 협의했다고 한다. 박 대통령은 이날 오
후 9시 50분에 하오 8시로 소급해서 서울시 전역에 비상 계엄을 선
포했다.

    6·3사태는 박정희 정권 18년에서 하나의 분수령을 이룬다고
이야기할 수 있다. 우선 비상 계엄을 과연 선포할 필요가 있었는가,
이것이 논란이 되고 있다. 6월 3일 시위 규모가 컸다고는 하지만
전체 인원으로 보면 3월 25~26일에 더 많은 인원이 나온 것 아니
냐고 이야기할 수 있다. 또 그날 시위의 끄트머리에 가선 청와대 앞

  1995년 7월 13일 자 경향신문에 따르면, 이날 청와대에서 유엔군 사령관은 "지금의 상황
  은 1960년 4·19 당시와는 다르다"고 박 대통령을 위로하고 계엄군 동원에 흔쾌히 동의
  했다고 한다. 이에 앞서, 주한 미국 대사는 자국 국무부에 보내는 그해 4월 9일 자 보고
  전문에서 "박 대통령이 (한일 회담) 협상 조기 타결을 고수하고 있는 만큼 미국은 모든
  힘을 다해 그를 도울 것"이라고 밝혔다.

까지 시위대가 돌진했다고는 하지만, 시위대가 해산한 것 아닌가.

어떤 연구자는 경찰 저지선이 너무 쉽게 뚫린 것 아니냐는 점도 지적하고 있다. 군경 차량 탈취 등 과격한 행동이 있었다고는 하지만, 많이 있었던 건 아니다. 얼마 없었다. 그걸 가지고 비상 계엄이라는 극약 처방까지 할 수 있는 건가 하는 문제가 제기된다. 일각에서는 군경 차량을 탈취해 파괴하거나 몰고 간 사람들의 정체를 의심하고 있다. 박정희 정권이 계엄을 선포하기 위해 학생 시위를 유도하거나 방조했다고 보는 견해도 있다.

확실한 것은 계엄이 선포된 시점은 시위가 끝나고 나서 한참이 지난 때였다는 점이다. 그러니 사실 비상 계엄을 선포할 여건을 갖췄느냐, 이건 별로 중요한 문제가 아니었다.

— 그렇게 생각하는 이유는 무엇인가.

뭐냐 하면, 박 대통령은 그전부터 계엄을 선포해서 사태를 바꾸려 했다. 한일 회담 반대 운동에 대한 처리를 계엄으로, 군을 동원하는 방식으로 하려 했다. 또 미국이 박 대통령의 조치를 지지하는 면을 보여줬다.

일부에서 '6·3사태로 박 대통령이 위기에 몰렸다'고 써놓은 것도 볼 수 있는데, 그렇지 않다. 박정희 정권이 미국의 지지를 받으면서 6·3사태로 박 대통령의 권력은 한층 더 강화됐다. 역사를 보면 반대 세력이 아주 강성해 보일 때 오히려 권력이 강화되는 경우가 있는데, 여기에 해당한다고 할 수 있다. 박 대통령은 1964~1965년에 강한 반대에 직면하면서 오히려 권력을 강화했다. 조금 성급하게 얘기하면 이 시기의 권력 강화를 발판으로 3선 개헌을 하고 유신 체제로 들어간다고 볼 수도 있다. 그러니까 6·3 계엄은 3선 개헌과 유신으로 가는 하나의 디딤돌이 된 것이 아닌가, 그렇게 생각할 수도 있다.

—— 박정희 정권을 비판한 세력은 6·3운동이 짓밟힌 후 어떤 상황에 놓였나.

박 정권에 대한 가장 강한 반대 세력은 학생들이었다. 박 정권은 1964년 3·24 시위 같은 것에 처음에는 제대로 대응하지 못하지만 그 후 대응 전술, 탄압 기술을 계속 발전시킨다. 처음에 선보인 괴소포 전술 같은 건 탄압 노하우가 아직 쌓이지 않아서 발생한 미숙한 짓이었다. 이렇게 박 정권의 시위 대응 전술은 크게 발전하지만, 학생들은 대규모 탄압 속에서 약화될 수밖에 없었다. 학생 시위는 학생 대중한테 상당한 호응을 받아야 한다는 문제도 있는데, 그런 문제까지 포함해서 그 이후에는 박 정권에 대한 비판 세력의 역할을 1964~1965년만큼 세게 하지를 못한다. 1971년 이전까지 학생운동은 소강상태라고 할까, 약세를 보인다고 이야기할 수 있다.

우리나라에서는 언론계가 야당과 함께 독재 정권에 대한 강한 반대 활동을 해왔다. 그런데 6·3 이후 언론윤리위원회법에 대해서는 언론계가 강력하게 대항했지만 그 후 현저히 약화된다. 어떤 언론사는 일본 차관 도입과 관련해 약화된다고 하고(조선일보), 어떤 언론사는 권력에 의해 농단되고(경향신문), 어떤 언론사 사주는 고위직에 등용되고(한국일보), 어떤 언론사는 크게 탄압을 받는다(동아일보). 그와 동시에 언론에 대한 테러와 탄압이 계속 있게 된다. 사실 기자들이 중앙정보부에 연행된다고 하는 그 자체가 굉장한 공포감을 주는 것인데, 그런 일도 자주 벌어진다.*

── 정치권에 대한 박 대통령의 영향력도 더 커지지 않나.

　야당은 6·3사태 이후 아주 심한 분열 양상을 계속 보였다. 사실 한일 회담 반대 투쟁에서도 일치된 투쟁 대오를 만들지 못했다. 아울러 박정희 대통령은 권력 내부에서도 김종필 세력을 약화시키면서 친정 체제를 좀 더 강화해나간다. 민주공화당 의장에서 사임한 김종필이 1965년 연말이 되면 다시 민주공화당 의장이 되기는 하지만, 이때는 이미 나중에 4인방이라고 불리는 김성곤, 길재호, 백남억, 김진만 이런 사람들이 당권의 상당 부분을 장악한 뒤였다.**

　이 시기에 경제가 호전되고 있었다는 점도 중요하다. 초기에 군사 정부의 미숙성으로 말미암아 경제 실책이 잇따르고 시행착오가 거듭되면서 경제난이 계속됐지만, 1964~1965년에 들어서면서 수출입국의 큰 틀이 잡히고 차관 같은 것들이 들어오면서 경제가 좋아진다. 그러면서 여당에서 쓸 수 있는 정치 자금이 아주 풍부하게 된다. 여기저기서 생긴다.

● 언론윤리위원회법은 6·3운동 후 여당이던 민주공화당이 제출한 법안이다. 핵심은 언론윤리위원회를 만들어 모든 언론사가 여기에 가입하게 하고, 여기서 언론사들을 감독하게 한다는 것이었다. 정부가 개입할 길을 열어둔 이 위원회에서 제명당한 언론사는 문을 닫을 수도 있었다는 점에서 정부를 비판하는 언론에 재갈을 물리려는 시도로 받아들여졌다. 오늘날 기자를 대표하는 단체인 한국기자협회는 이 법에 대항하는 운동 과정에서 탄생했다.

●● 김-오히라 메모로 숱한 비판을 받은 김종필은 6·3사태 직후 민주공화당 의장에서 물러나 해외로 떠난다. 1963년 자의 반 타의 반이라는 이야기를 남기고 떠난 후 1년여 만에 이뤄진 두 번째 외유다. 1965년 12월 27일 김종필은 민주공화당 의장으로 복귀한다.

박 대통령의 권력 강화 뒤에는 미국이 있었다. 그건 한일 국교 정상화뿐만 아니라 베트남 문제도 관련돼 있다. 베트남에 대한 적극적 참전 때문이다. 그래서 1960년대 후반에 박 대통령과 미국은 최고의 밀월 기간을 갖게 된다. 한국사 전체에서 이때가 집권 세력과 미국이 최고의 밀월 관계를 맺는 시기가 아니냐고 이야기하는 사람들이 있다.

하여튼 박 대통령은 비상 계엄을 선포하면서 학생과 언론을 약화하는 데 많은 힘을 기울인다. 1964년 5월 21일 무장 군인이 법원에 난입한 얘기를 지난번에 했는데, 6월 6일 새벽에는 제1공수특전단 장교들이 동아일보사에 난입했다.●●●

사실 한국신문발행인협회(오늘날 한국신문협회) 등은 이미 6월 10일에 박 정권의 시국 수습책에 협조했다. 7월 22일에는 언론규제대책위원회를 구성해 자율적으로 언론을 규제하겠다는 태도를 취한다. 그런 가운데 7월 30일 민주공화당이 단독으로 언론윤리위원회법과 학원보호법을 국회에 제출한다. 8월 2일 학원보호법은 보류됐지만 언론윤리위원회법은 국회를 통과했다.

── 언론윤리위원회법 문제는 그렇잖아도 힘을 모으지 못하던 야

●●● 권총을 차고 동아일보사에 난입한 이들은 숙직 기자를 깨운 후 "편집 책임자를 만나야겠다", "이왕 온 김에 본때를 보이자"는 등의 태도를 취하며 위협했다. 난동을 부린 이유는 무장 군인의 법원 난입에 대한 동아일보 기사가 맘에 안 든다는 것이었다. 이 시기, 언론에 대한 횡포는 이것만이 아니었다. 앵무새 사건도 비판 언론에 대한 박정희 정권의 태도를 잘 보여주는 사례다. 동아방송의 시사 프로그램이던 '앵무새'는 한일 회담 반대 투쟁을 자세히 보도했다가 철퇴를 맞았다. 박정희 정권은 6월 15일, '앵무새' 프로그램 관계자 6명(동아방송 5명, 동아일보 1명)을 반공법 위반 등의 혐의로 구속했다. 반국가 단체의 활동을 찬양·고무하고, 내란을 선전·선동했으며, 허위 사실을 유포해 정부를 비방했다는 등의 무시무시한 죄목이었다.

권이 사분오열 상태에 빠지는 계기로도 작용하지 않았나.

이 법이 통과됐을 때 제1야당인 민정당 내부에서 엄청난 파란이 일어났다. '어떻게 민정당이 이 법안이 통과되는 것을 수수방관할 수 있느냐. 유진산이 권력과 유착한 사쿠라이기 때문에 그런 것 아니냐'고 윤보선 측에서 유진산을 아주 강하게 공격하면서 사쿠라논쟁이 벌어졌다. 윤보선 측과 유진산 측은 사활을 건 쟁투, 당권 싸움을 벌였다.

유진산은 1950년대 후반 민주당 구파의 실력자였다. 이름만 놓고 보면 조병옥, 김도연, 윤보선 등이 지도자라고 하지만 실권은 유진산이 많이 갖고 있었다고들 이야기한다. 그건 민주당 정권 때도 마찬가지였다. 김도연이 신민당 당수였지만 실권은 유진산한테 있다고 그랬다. 유진산은 재미난 사람인데, 그때도 장면 정부와 타협하려 했다. 장면 정부에서 유진산한테 특별한 자리를 주려고 했다. 그런데 유진산은 1963년 선거 전 야당 대통령 후보를 정하는 과정에서 국민의당 파동이 일어났을 때에는 윤보선을 적극 지지했다. 어쨌건 유진산에 대해서는 '정권 쪽과 뭐가 있지 않느냐'는 이야기가 끊임없이 따라다니고 있었다.

그런데 언론윤리위원회법이 통과되면서 엄청난 파동이 일어난 것이다. 유진산 세력과 윤보선 세력은 어슷비슷했는데 결국은 8월 하순에 유진산을 제명했다. 그렇지만 당내 당이 생기는 꼴로 가고 말았다. 이 싸움은 그해 내내 계속되면서 민정당이 실질적인 당 활동을 할 수 없게 만들었다.

눈엣가시 비판 언론
콕 찍어서 대놓고 보복

—— 언론윤리위원회법은 많은 언론인의 거센 반발을 불러일으켰
다. 불난 집에 기름을 끼얹은 격으로, 이 법을 비판한 몇몇 언
론사를 정부가 탄압하면서 반발은 더 커지지 않았나.

언론윤리위원회법이 통과되자 언론인들은 굉장히 강하게 투쟁
에 나섰다. 그러니까 정부 쪽에서 경향신문, 조선일보, 동아일보 등
의 구독을 관공서와 모든 공무원 가정에서 중지하게 하고, 이들 신
문사에 대한 은행 대출을 중단시키고, 언론에 제공하던 여러 가지
편의라든가 보조하던 것들을 다 중단한다는 보복 조치를 내놨다.
그래서 또 이것을 규탄하는 투쟁이 언론계에 아주 크게 번졌다. 그
야말로 여기서도 사투라고 할까, 큰 싸움이 벌어지게 된다.°

이렇게 사태가 커지고 언론계에서 거세게 반발하니까, 9월 9일
박 대통령은 언론윤리위원회법 시행을 전면 보류한다고 발표한다.
그러나 사실 언론윤리위원회법의 전면 보류와 상관없이, 앞에서도
이야기한 것처럼 이 투쟁이 언론계가 1960년대에 마지막으로 강렬
하게 벌인 투쟁이었다. 1969년 3선 개헌 때쯤 되면 언론계는 힘이
매우 약화됐다고들 이야기한다.

● 경향신문, 조선일보, 동아일보에 더해 대구의 매일신문도 언론윤리위원회법에 반대했다
가 정부의 표적이 됐다. 1963년 박정희 최고회의 의장이 민정 불참 약속을 뒤집고 군정
을 연장할 듯을 밝힌 3·16 성명이 나오자, 이를 비판하는 의미에서 한동안 사설을 싣지
않은 곳도 바로 이 네 언론사다. 한편 야권에서는 이러한 정부 조치에 맞서 언론윤리위
원회법 찬성 언론 불매 동맹을 결의하는 한편, 한국일보 사주이던 장기영 부총리를 공격
하기도 했다.

— 6·3운동이 짓밟힌 후 학생 운동이 약화된다고 앞에서 얘기했다. 정권 차원에서 학생 운동의 숨통을 죄려는 움직임, 구체적으로 어떤 형태로 나타났나.

박정희 정권은 학생들에 대해서도 아주 강한 조치를 내린다. 6월 17일 민족주의비교연구회(민비연)의 중심인물인 김중태, 현승일, 김도현을 정부 전복 기도 혐의로 내란죄를 적용해 군사 재판에 회부한다. 7월에는 김정강, 김정남과 관련해 '불꽃회'의 '적색 활동'이 크게 발표된다. 사실 김정강과 김정남은 당시 한일 회담 반대 학생 운동의 주동자가 아니었지만 문리대에서 활동했기 때문에 정부가 이들을 이처럼 연계하려고 한 것이다.[●]

그와 함께 학칙 개정, 학원보호법 제정 시도를 통해 학생들을 옥죄려고 했다. 6월 19일 정부는 학칙 개정을 지시했다. 학원 내에서 정치 활동을 할 목적으로 조직이나 선동을 한 자, 학장의 허가를 받지 않고 집단 행위로 수업을 방해한 자에 대해서는 교수 회의를 거치지 않고 바로 총장이 퇴학시킬 수 있게 한다는 것이었다. 이건 바로 정부가 '문제 학생'을 직접 처벌할 수 있다는 이야기였다. 그 후 이런 새로운 학칙에 의해 처벌이 많이 이뤄진다. 그러나 학원보호법에 대해서는 반대 여론이 워낙 컸다. 그래서 박정희 정권이 이건 통과시키는 걸 포기했다.^{●●}

● 정부는 김정강과 김정남이 주도해 결성한 마르크스·레닌주의 조직인 불꽃회가 학생 시위 배후에 있다고 발표했다.
●● 학원보호법에 따르면 학생 시위는 물론 정치 문제에 대해 학내에서 토론하는 것도 위법이었다. 한마디로 대학에서 사상의 자유를 없애겠다는 발상이었다.

중앙정보부가 터트린 1차 인혁당 사건
공안 검사들마저 "양심상 도저히 기소할 수 없었다"

— 굴욕적 한일 회담 반대 운동 당시 학생 운동을 대표하던 인물 중 하나인 김중태는 2012년 대선에서 박근혜 후보 캠프에 합류해 세간의 관심을 모았다. "박근혜 후보는 근검절약, 청렴결백의 대명사인 박정희 DNA를 유전 받은 사람"이라는 등의 찬조 연설을 하며 박근혜 후보 지지를 호소하던 김중태의 모습에 적잖은 사람이 쓴웃음을 지었다.

6·3운동 때 김중태는 영웅이었다. 그리고 선동적인 연설가였다. 인기가 정말 대단했다. 도피 과정이 재미있어서 더 그랬지만 재판 받을 때도 큰 관심을 끌었다. 3차에 걸친 재판이 끝난 1970년대 이후에 다른 모습을 보이다가 2012년 대선에서 그런 모습을 보이는 데까지 온 것인데, 어쨌건 그때는 그랬다. 6·3세대는 유신 체제와 전두환·신군부 체제에 가담한 4·19세대보다는 낫다는 얘기를 들었는데, 나중에는 상당수가 비슷비슷해졌다.

학생 시위 배후와 관련해 제일 큰 사건으로 발표된 것이 인혁당 사건이다. 8월 14일 김형욱 중앙정보부장은 "북괴 노동당의 지령으로 남한에 인민혁명당을 조직해서 비밀 지하 조직으로 국가 변란을 기도한 음모 사건"이라는 걸 발표했다. 그러면서 41명을 검거하고 일부는 미검거 상태라면서 검거 명단을 발표했다(제1차 인혁당 사건). 그 명단에는 김중태, 현승일, 김도현 등 학생 운동을 했던 사람들, 6·3운동을 벌인 사람들이 여러 명 들어 있었다. 불꽃회 사건으로 발표된 김정강, 김정남도 들어 있었다. 이런 식으로 다 묶어서

1964년 8월 14일 김형욱 중앙정보부장이 인민혁명당 사건 전모를 발표하고 있다. 그 명단에는 김중태 등 6·3운동을 벌인 사람들이 여러 명 들어 있었다. 이런 식으로 다 묶어서 '학생 운동이 붉은 사주를 받아서 일어난 것이다'라고 선전하려 한 것이다. 사진 출처: 국가기록원

'학생 운동이 붉은 사주를 받아서 일어난 것이다', 이렇게 선전하려 한 것이다.

나중엔 어쩔 수 없이 분리를 안 할 수가 없게 된다. 김중태, 현승일, 김도현 사건은 민비연 사건으로 따로 재판을 받게 된다(제1차 민비연 사건). 김중태 등 민비연 관계자들에게 박정희 정권이 취한 태도는, 박 정권이 이들에게 적개심을 가졌던 것이 아닌가 하는 생각마저 갖게 한다. 검찰은 소요죄와 집시법 위반 혐의로 김중태와 현승일에게 각각 징역 5년, 김도현에게 징역 4년을 구형했다. 그러나 재판부는 1964년 10월 28일 세 사람에게 징역 8월, 집행 유예 2년을 각각 선고했다. 김중태를 숨겨준 손홍민에게는 선고 유예 판결을 내렸다. 재판부는 기소 사실 가운데 이들이 '민족적 민주주의 장

1974년 인혁당 재건위 사건으로 재판을 받고 있는 이들. 1975년 4월 8일 대법원에서 사형 판결이 확정되자 서도원, 도예종, 송상진, 우홍선, 하재완, 이수병, 김용원과 민청학련 사건의 여정남은 다음 날(4월 9일) 새벽에 약 30분 간격으로 사형을 당했다.

례식을 치르자'는 모임을 5월 16일에 연 것이 적법한 집회 절차를 밟지 않았다는 사실만 인정했다. 판결문을 읽을 때 재판정을 꽉 메운 방청객들이 우레와 같은 박수를 보냈다고 보도됐다.

김중태 등은 1965년 9월 다시 구속됐다(제2차 민비연 사건). 1964년 3·24 시위 이후 한일협정 조인 및 비준 무효화 투쟁을 계속 조종, 선동하고 1965년 8월 29일, 국치일인 이날 대규모 시위를 감행해 국회를 해산하고 정부를 전복하려 했다는 혐의였다. 이 사건에 대해서는 나중에 다시 언급하겠다.

—　제1차 인혁당 사건은 10년 후 제2차 인혁당 사건 조작으로 이어진다. 인혁당 사건은 박정희 집권기의 어두움을 대표하는 사건 중 하나로 꼽힌다. 2012년 대선에서 박근혜 후보가 제2차 인혁당 사건에 대해 두 개의 대법원 판결이 존재한다고 주장

해 커다란 논란을 불러일으키기도 했다.

지금까지도 많이 얘기되는 인혁당 사건은 상당히 복잡한 과정을 거치게 된다. 많이 알려진 것이니 핵심만 몇 가지 얘기하자. 중앙정보부에서 서울지검 공안부로 송치했는데, 서울지검 공안부에는 이용훈 부장검사, 최대현, 김병리, 장원찬 검사가 있었다. 이 사람들은 계속 수사를 했지만, 구속 만기일인 9월 5일 결국은 기소할 수 없다는 결론을 내리고 검사로서 서명을 거부했다. 그러자 검사장은 다른 검사로 하여금 기소케 했다.°

1965년 1월 20일 1심 재판에서 도예종에게 3년, 양춘우에게 2년의 유기 징역이 선고되고 나머지 11명은 무죄 판결을 받았다. 그래서 또 한 번 사회에 충격을 줬다. 그런데 같은 해 5월 29일에 열린 2심에서는 원심을 파기하고 도예종 징역 3년, 양춘우와 박현채 등 6명에게는 징역 1년, 김금수 등 6명에게는 징역 1년에 집행 유예 3년, 이렇게 선고했다. 피고 열세 명 전원에게 국가보안법과 반공법을 적용해 유죄 판결을 내린 것이다. 1965년 9월 21일 대법원은 7명에게 실형을, 6명에게 징역 1년에 집행 유예 3년을 선고한 2심을 확정했다.

그런데 얼마 전 이 판결이 뒤집혔다. 대법원 판결이 확정된 지 48년 만인 2013년 11월 28일 서울고등법원은 도예종 등 9명에게 무죄를 선고했다. 여러 가지 자료로 볼 때 "인혁당이 강령을 가진 구체적 조직이라는 사실이 입증되지 않는다"는 것이었다.°°

두고두고 문제가 된 것은 1974년 민청학련 사건 때 그 유명한 인혁당 재건위 사건(2차 인혁당 사건)이라는 것이 발표되고 민청학련 사건으로 엮인 1명을 포함해 8명이 그다음 해에 법살法殺을 당한 것이다. 1975년 4월 8일 대법원에서 판결한 직후인 4월 9일 새벽에 약 30분 간격으로 사형을 당하는, 법에 의한 학살 사건이 일어나면서 인혁당 사건이 계속해서 사회의 큰 관심을 불러일으키게 된다.

이 사건도 민비연 사건과 마찬가지로 박정희 정권이 어떤 정권인가를 잘 보여줬다. 1차 인혁당 사건 때에는 대통령 박정희, 법무부 장관 민복기, 검찰총장 신직수였고 실무 담당인 중앙정보부 5국 대공수사과장은 이용택이었다. 그런데 인혁당 재건위 사건에서는 대통령 박정희, 대법원장 민복기, 중앙정보부장 신직수, 실무 책임자인 중앙정보부 6국장 이용택이었다. 그 사람이 그 사람이다. 오싹하고 소름이 끼치지 않나? 정말 독기 어린, 무서운 모습이다. 그뿐 아니라 인혁당 재건위 사건에서 박정희는 일개 국장에 지나지 않는 이용택을 직접, 여러 차례 불렀다.

°° 1차 인혁당 사건 당시 기소된 13명 중 4명은 재심 청구가 받아들여지지 않아 누명을 벗지 못했다.

과거사 사과 받아내기는커녕
망언 덮어준 박정희 정권

한일 회담·한일협정, 여덟 번째 마당

망언 서둘러 덮은 한일 야합,
뒤이어 과거사 얼버무린 일본

김 덕 련 1965년 새해가 밝으면서 한일 회담은 마무리 국면에 접어든다. 그러나 일본 측이 성찰이라고는 찾아볼 수 없는 검은 속마음을 그대로 드러내면서 마지막까지 한일 회담은 고비를 맞지 않았나.

서 중 석 1965년에 들어와 한일 회담은 막바지에 이르렀고, 조인과 비준 과정이 남아 있다는 얘기가 나올 정도였다. 그런데 한일 회담은 다카스기 망언이라는 게 나옴으로써 굉장히 큰 위기에 봉착할 뻔했다.

1월 7일 한일 회담 일본 측 수석대표 다카스기 신이치가 이렇게 이야기했다. "일본이 조선을 지배한 건 좋은 일을 하려고, 조선을 더 낫게 하려고 한 일이었다. 20년쯤 더 일본과 한 몸이었다면 그렇게 되지 않았을지도 모른다." 그렇게 됐다는 건 나무가 별로 없어 산이 헐벗은 것을 가리킨다. "일본의 노력은 결국 전쟁으로 좌절됐지만 20년쯤 더 조선을 가지고 있었더라면 좋았을 것이다. 일본이 사과해야 한다는 이야기는 타당한 말이 아니다. 창씨개명만 해도 그것은 조선인을 동화시켜 일본인과 같이 대하려고 취한 조치로 나쁜 것이었다고만 할 수는 없다." 이렇게 얘기해버렸다.

이건 1950년대 구보타 망언보다 훨씬 더 심한 것이었다. 한국 측 수석대표 김동조는 이 내용을 알고 눈앞이 캄캄했다. 그래서 바로 일본 측에 연락해 '이 발언을 한 걸 다 부인해라', 이렇게 당부했다. 박정희 정권은 어떻게든, 무슨 일이 있든 한일 회담을 끝내려고 했다. 그런데 동아일보에 다카스기 망언 전체가 보도돼버렸다. 1월

1965년 1월 19일 자 동아일보 1면. 한일 회담 일본 측 수석대표 다카스기 신이치의 망언을 크게 보도하고 있다.

19일에 1면 머리기사로 크게 보도한다. 이렇게 되니 또 뒤집어졌다. 그러니 한국 측에서 공식 해명을 요구하지 않을 수 없었다. 결국 일본 측이 '그런 일이 없었다'고 이야기하는 걸로 이 일을 끝맺었다.

일본 기자들과 함께한 이 자리에서 다카스기 신이치는 "일본은 차제에 형이 된 기분으로 한국에 임하지 않으면 안 된다", "과거의 일을 들춰내 한국 측이 주장하고 싶은 것이 많겠지만 일본 측에도 있다"는 이야기도 빼놓지 않았다. 다카스기 신이치는 도쿄제국대학을 졸업한 후 미쓰비시 재벌에서 오랫동안 일한 일본 재계의 거물이었다. 박정희 정권 이래 역대 한국 정부가 일본 극우 인사 12명에게 훈장을 준 사실이 2013년에 드러나면서 논란이 됐는데, 다카스기 신이치도 그중 하나였다. 다카스기 신이치는 기시 노부스케, 사토 에이사쿠, 시이나 에쓰사부로, 고다마 요시오 등과 더불어 박정희 대통령으로부터 훈장을 받았다.

한일 회담·한일협정

시이나 에쓰사부로 일본 외상. 그는 "한일 양국의 오랜 역사 가운데 불행한 기간이 있었던 것은 참으로 유감스러운 일로서 깊이 반성하는 바이다"라고 말했다.

그렇게 된 건 박정희 정권이 무슨 일이 있어도 한일 회담을 끝내려고 했기 때문이다. 그래서 일본 측에서 이런 큰 망언, 있을 수 없는 엄청난 망언을 했는데도 그것에 대해 제대로 항의해 사과를 받아내기는커녕 쉬쉬한 것이고, 그러면서 한일 양국 정부에서 서로 덮었던 것이다.

── 사태를 수습하는 과정에서 두 나라 모두 색깔론을 들고나온 것도 눈길을 끈다. 다카스기 신이치는 1월 18일, 도쿄에 있던 한국 기자들에게 이례적으로 회견을 자청해 자신의 발언에 대

해 해명했다. 이 자리에서 "내가 공산당이 좋아할 이야기를 하겠나? …… 내가 말했다는 그 보도는 어디서 나온 말인지 나도 모르겠다"며 딱 잡아뗐다. 일본공산당 기관지인 아카하타가 자신의 발언을 보도하고 북한의 노동신문이 이를 인용해 비판한 것을 가리키며 색깔 공세를 편 것이다. 그러나 관련 기록들을 살펴보면, 대다수 일본 언론이 이 망언을 보도하지 않은 건 다카스기 신이치의 비非보도 요청을 받아들여 생긴 일일 뿐이다. 아울러 한국 기자들을 불러 무조건 부인하라고 한국 측에서 방법까지 알려줬다는 기록도 있다.

흥미로운 건 한국 정부도 다카스기 신이치와 비슷한 반응을 보인다는 점이다. 1월 19일 윤찬 외무부 대변인은 다카스기 발언을 보도한 매체를 언급하며 "한일 회담을 깨뜨리려는 음모를 가지고 다카스기 신이치 씨 발언을 조작·유포한 것", "그런 발언을 할 사람이 한일 회담 수석대표로 취임할 리도 없다"고 말했다. 한마디로 다카스기 망언을 문제 삼지 않겠다는 뜻이었다. 이 시기 한일 관계를 잘 보여주는 풍경 중 하나라는 생각이 든다. 이런 가운데, 그다음 달 한국에 온 일본 외상도 과거사 문제를 얼버무리지 않았나.

시이나 에쓰사부로 일본 외상이 한일기본조약에 가조인하러 한국에 오게 됐다. 2월 17일 공항에 도착해서 한일 회담 전 과정을 통해, 또 조인과 비준 전 과정을 통해 딱 한 번 식민 통치와 관련해 유감 표명 발언을 하게 된다. 이때 시이나 에쓰사부로는 "한일 양국의 오랜 역사 가운데 불행한 기간이 있었던 것은 참으로 유감스러운 일로서 깊이 반성하는 바이다", 이렇게 이야기했다.

도대체 일제의 강점, 35년간의 식민 지배를 구체적으로 지적하지 않고 "불행한 기간"이라고만 이야기하는 게 말이 되나. 그것도 일본이 한국에 불행을 안겼다는 것에 대해서조차 밝히지 않았다. 그냥 '불행한 기간이 있었다. 이게 참 유감스럽다. 그걸 반성한다', 이렇게만 이야기한 것이다. 일본이 한국에 피해를 줬다는 이야기가 전혀 들어가 있지 않고, 또 사과한 것도 아니다. 유감이나 반성이라는 건 사과와 아주 다른 의미를 갖고 있지 않나.

사실 시이나 에쓰사부로는 이 발언을 하는 데 이르기까지도 여러 절차를 밟았다. 처음에는 아예 이런 "반성" 같은 것도 전혀 들어 있지 않았는데, 밑에 있던 외무성 관리들이 '이건 꼭 넣어야 한다'고 주장했다. 그래서 시이나 에쓰사부로가 언급을 안 할 수가 없어서 결국 이런 발언을 했던 것이다. 거듭 말하지만, 시이나 에쓰사부로 외상은 한국인이 피해를 봤다는 것을 전혀 언급하지 않았고 사과나 사죄를 한 것도 전혀 아니다. 다만 불행한 관계가 있어서 유감으로 생각하고 반성한다, 이것이 전부였다.

중국엔 일본의 가해 책임 인정하고 수상이 "반성", 그런데 한국엔 왜?

—— 일본은 1972년 중국과 국교 정상화를 할 때에는 이것과 다른 태도를 취하지 않나.

일본이 박정희 정권을 얼마나 얕봤는가는 중일 국교 정상화에서 보인 태도와 비교해봐도 아주 명확하다. 1972년 중일 공동 선언에서 다나카 가쿠에이 일본 수상은 "과거에 일본국이 전쟁을 통해서 중국 인민에게 중대한 손해를 입힌 사실에 대해 그 책임을 통감하고 깊이 반성한다"고 밝혔다. "일본국이 …… 중국 인민에게 중대한 손해를 입힌 사실에 대해 그 책임을 통감하고 깊이 반성한다", 이렇게 가해자와 피해자를 분명히 구분해 일본이 가해 책임을 져야 한다는 것을 명시했다. 그것도 공동 선언이라는 공식 절차를 통해 공식 석상에서 했을 뿐만 아니라 일본을 대표해 수상이 직접 했다. 1965년 한국에 취한 태도와 현격한 차이가 있다.

시이나 에쓰사부로가 1965년에 그렇게 말한 것도 한국 측 태도와 관련이 있지 않나 하는 생각이 든다. 과연 한국 측이 그때까지 얼마만큼 일본에 사죄와 사과를 요구하고 피해가 있었다는 걸 주장했나 하는 점을 지적하지 않을 수 없다.

이때 이동원 외무부 장관이 답사로서 이야기한 내용도 '어떻게 한국 외무부 장관이 이런 얘기를 할 수 있느냐'는 생각이 안 들수 없게 만든다. 정말 분통이 터지는 발언이었다.

─── 이동원은 뭐라고 얘기했나.

이렇게 얘기한다. "과거의 어느 기간에 양 국민에게 불행한 관계가 있었을 뿐 아니라 아직도 국교 정상화가 안 된 것은 심히 불행한 일이다." 도대체 우리나라 외무부 장관이면서, 일제 강점 35년이라는 엄연한 시기가 있었는데 "어느 기간"이라고만 했다. 시이나 에쓰사부로 외상처럼 아주 애매하게 시기를 이야기했다. 또 억압과 수탈로 점철됐고 한국인이 엄청난 피해를 봤으며 일제의 만행도 많았는데 "불행한"이라고만 표현했다. 그것도 "양 국민에게 불행"

하다고 했다. 아, 한국인이 불행했고 피해를 봤던 것이지 어떻게 양국민한테 불행했다고 할 수 있나. 시이나 에쓰사부로가 "양국의 오랜 역사 가운데 불행한 기간"이라고 말했더라도, 이동원만은 분명하게 이야기해야 하는 것 아니었나. 도대체 이런 식으로 표현했다는 것이 있을 수가 있는 건가. 이런 식의 한국 정부 대표한테 왜 일본 측이 사죄나 사과를 할 마음이 생기겠는가.

그런데 더욱 놀라운 일은, 1964년과 1965년 전 기간에 걸쳐 일본의 한국 강점에 대해 유감 정도라도 표현한 게 있다면 시이나 에쓰사부로 발언이 사실상 유일하다고 볼 수 있다는 점이다. 박정희 정권이 어떠한 정권이기에 이렇게까지 됐을까, 그렇게 묻지 않을 수 없다.

침략에 대한 사죄와 성찰은 찾아볼 수 없는 한일기본조약

— 2월 20일, 두 나라는 한일기본조약에 가조인한다. 그런데 그 내용에 문제가 많다는 지적이 오늘날까지도 끊이지 않고 있다.

우선 한일기본조약 전문에 일본의 식민 지배에 대한 언급이 있어야 하는데 그게 한마디도 없다. 제1조에는 외교 관계를 연다고 돼 있고. 제2조에는 "1910년 8월 22일 및 그 이전에 대한제국과 대일본제국 간에 체결된 모든 조약 및 협정이 이미already 무효임을 확인한다"고 돼 있다. 이것에 대해 한국 정부는 '을사조약이건 병합조약이건 무효인 것이다', 이런 주장을 나중에 하지만 일본 정부는

1965년 2월 20일 한일기본조약 가조인식 장면. 한일기본조약 전문에는 일본의 식민 지배에 대한 언급이 한마디도 없다. 사진 출처: 국가기록원

'그것(무효 시점)은 일본 패전 이후 한국 정부가 들어선 다음이다'라는 것을 분명히 이야기하고 있고, 문맥으로 봐도 그렇게 해석하는 수밖에 없지 않은가 하는 생각이 든다.*

지난번부터 거듭 이야기하지만 한국 정부가 을사조약, 병합조약의 체결 과정에 대해, 또 제국주의 국가가 타 지역을 식민지화할 때 맺은 강제적 조약을 얼마만큼 연구를 했는가 하는 점을 생각할 필요가 있다. 없었다. 연구했다는 자료가 안 나온다. 사실 그 이

---

* 을사조약과 병합조약이 1905년 및 1910년 당시부터 원천 무효이자 불법이라는 것이 한국 측의 기본 생각이다. 그러나 일본 측은 을사조약과 병합조약이 체결 당시에는 합법이었고, 1945년 자국이 패전한 후 비로소 무효가 됐다고 주장한다. 다른 말로 하면, 식민지 지배가 합법이었다는 주장이다.

후, 을사조약과 병합조약이 무효라는 것을 학문적으로 상당히 깊이 있게 연구한 것들이 나온다. 이게 하루아침에 이뤄질 수 있는 게 아니다. 상당히 많은 연구를 해야 이런 것들이 이뤄질 수 있는 것이지 않나.

그런데 박정희 정부는 과연 을사조약, 병합조약이 무효라는 생각을 하고 있었는가. 이것도 의아심을 갖게 한다.

—— 어떤 점에서 그러한가.

박정희 대통령은 1964년 3월 16일 기자들과 한 서면 회견에서 이렇게 밝혔다. "과거 한일 간의 조약은", 이건 을사조약과 병합조약을 가리키는데, "이미 (1951년) 샌프란시스코 강화 조약으로써 모든 것이 무효화된 것으로 간주되어야 할 것이며"라고 했다. 그러니까 이건 일본 측 주장보다도 더 늦은 것이다. 해방 직후도, 한국 정부가 들어선 이후도 아니고, 1951년 이후를 가리키는 것이다. 그것에 이어 "따라서 이번 국교 정상화 문제에 새삼스럽게 그 불명예스런 조약들을 언급할 필요가 없다고 생각한다"고 얘기했다. 어떻게 이런 사람을 한국의 대통령이라고 할 수 있는가 하는 생각이 든다.

사실 이런 문제와 관련해 한국 정부 측은 아주 어려운 점이 있었다. 1945년 이전의 만주군 군인 출신으로서는 일제의 한국 지배를 부정하고 비판하는 사고를 갖기가 어려울 것이다. 리영희 교수는 "100개가 넘는 나라 가운데 과거에 민족 반역자 노릇을 한 자를 자기 나라의 대통령으로 모신 나라는 베트남과 한국밖에 없습니다. 일본이나 프랑스, 미국의 지배를 받았던 아시아 대부분의 나라들의 국가 원수는 독립 운동가 출신입니다"라고 썼지만, 박정희는 다른

일제 시기 군인들보다 더 일제 때 군인이었던 것에 대해 향수 어린
자부심까지 지니고 있었다. 그렇기 때문에 다른 지도자보다도 을사
조약, 병합조약을 부정하기가 어렵지 않았을까 하는 생각이 든다.
리영희 교수 지적대로 박정희는 대한민국 정부 수반으로서 갖춰야
할 자격에 문제가 있었다.

그리고 제3조를 보면 "대한민국 정부가 국제연합 총회의 결의
제195(Ⅲ)호에 명시된 바와 같이 한반도에 있어서 유일한 합법 정
부임을 확인한다", 이렇게 돼 있다. 이건 전에도 내가 상세하게 얘
기했는데 대한민국 정부는 '우리 주권이 한반도 전체에 미친다', 이
것을 명시하려고 노력했다. 일본 측에서 '그렇지 않지 않느냐'라고
해서 결국 '국제연합 총회 결의에 명시된 바'라는 걸 분명히 밝힌
것이다. 1948년 5·10선거가 치러진 지역에 관할권을 갖는, 한반도
에서 유일한 합법 정부라는 뜻이다.

이 부분과 관련해서는 사토 에이사쿠 수상이 한일협정 가조인
6일 후인 1965년 2월 26일 이렇게 이야기했다. "청구권 토의 대상
은 남한에 국한되고 있다." 앞으로 청구권 문제 등을 북한과 논의해
야 한다는 것이다. 북한의 실체를 인정하고 있는 것이다. 그런 속에
서 한일기본조약을 맺은 것인데, 하여튼 이 부분에 대해서도 한국
정부의 설명과 일본 측 설명이 달랐다.

"영광의 제국주의" 망상 못 깬 일본,
면죄부 주며 반성 가로막은 미국

한일 회담·한일협정, 아홉 번째 마당

한일기본조약 서명자들이 걸어온 길

김 덕 련 일각에서는 미래를 위해 과거를 덮을 필요가 있다는 주장을 하곤 한다. 그러나 미래 지향적인 관계를 맺기 위해서라도 지난날의 잘잘못을 가리는 것은 필요한 일이다. 그런데도 과거사 문제를 얼버무린 것은 한일 관계에 오랫동안 좋지 않은 영향을 끼쳤다. 왜 이런 일이 발생한 것인가.

서 중 석 지난번에 시이나 에쓰사부로와 이동원의 과거사 발언과 관련해 얘기했는데, 과거사 문제와 관련해 몇 가지를 짚어볼 필요가 있다. 그중 하나가 비준서를 교환할 때 양측에서 서명한 이들이 어떤 사람들이었나 하는 것이다.

　한국 측으로는 박정희 대통령, 정일권 국무총리, 이동원 외무부 장관, 김동조 한일 회담 한국 측 수석대표가 있다. 김동조 수석대표는 한일 국교 정상화 후 주일 대사를 맡는 사람이다. 일본 측으로는 히로히토 천황, 그리고 일본에서 가장 오래 수상을 했다고 하는 사토 에이사쿠 수상, 시이나 에쓰사부로 외상, 다카스기 신이치가 있다. 이 사람들의 과거 행적을 간단히 살펴볼 필요가 있다.°

─　한일기본조약 서명자들은 어떤 길을 걸어온 사람들인가.

　이동원은 5·16쿠데타 전에 국방대학원에서 강의한 것으로 군인들과 연줄이 닿았고 그러면서 1962년에 36세의 젊은 나이로 청와대 비서실장이 된 사람이다. 외교 경험이라는 건 태국 대사를 열 달(1963.12~1964.10) 동안 한 것, 그것밖에 없었다. 그러니까 박 대통령이 '이동원은 내 사람이고 이 일을 밀어붙이는 데 적합한 사람이다'라고 봐서 이 사람을 썼다는 것을 빼고는 별다른 것을 찾기 어렵다. 김동조는 1943년 규슈제국대학 재학 중에 고등문관시험 행정과에 합격해 일본 정부 후생성에서 근무했다.

정일권 총리는 잘 알려져 있듯이 봉천군관학교, 일본 육사를 수석으로 졸업하고 충성심을 인정받아서 관동군 사령관의 전속 부관이 됐고 출세가 보장되는 만주군 육군대학에 다녔다. 그리고 관동군, 만주군의 꽃이라는 얘기를 듣던 헌병 대위까지 올라갔다. 연변대학의 박창욱 교수한테 예전에 얘기를 들으니, 일제가 군인 중에서 만주인으로는 만주국 황제 부의(푸이)의 동생 부걸(푸제)을 제일 내세웠는데 한국인으로 그렇게 내세운 사람이 바로 정일권이라고 하더라. 하여튼 만주군관학교를 나온 사람 중에서 일제와 관련된 이력이 가장 찬란한 사람이었다.

비준서를 교환할 때 일본 측 서명자인 히로히토는 중일전쟁, 아시아·태평양 침략 전쟁 그러니까 제2차 세계대전 당시 최고 책

1945년 패전을 계기로 일본 천황의 헌법상 지위는 바뀌었다. 패전 이전, 천황은 일본의 최고 통치권자이자 신성한 존재로 헌법에 규정돼 있었다. 그러나 패전 후 천황은 인간 선언을 해야 했다. 새 헌법은 천황을 일본 국가의 상징적 존재로 규정했다. 천황이 국사에 관한 행위만을 행하며 국정에 관한 권한은 갖지 않는다고 정한 것이다. 헌법이 정한 '국사 행위'는 비준서 및 법률이 정하는 기타 외교 문서 인증 등의 의례적 역할을 가리킨다. 이러한 천황이 국가 원수인지에 대해서는 해석이 엇갈린다. 아베 신조를 비롯한 일본 우익은 천황을 국가 원수로 명기하고 싶어 한다.
천황의 지위는 패전 이전에도 논란을 일으킨 사안이다. 대표적인 사례가 1930년대에 발생한 천황 기관설 사건이다. 천황 기관설은 헌법학자 미노베 다쓰키치가 주장한 학설이다. 천황이 통치권의 주체라는 기존 학설과 달리, 통치권은 국가에 속하며 천황은 그 최고 기관으로서 통치권을 행사할 뿐이라는 것이 그 골자였다. 천황의 권력이 헌법에 따라 제한을 받는다는 이런 주장은 1920년대 정당 정치 시대에 확산된다. 그러나 일본이 군국주의로 치달은 1930년대에 천황 기관설은 국체에 반하는 주장으로 몰리고 미노베 다쓰키치는 우익의 거센 공격에 시달려야 했다.

1965년 6월 22일 한일협정 본조인식에 참석한 관계자들이 담소를 나누고 있다. 가운데가 이동원 외무부 장관, 그리고 이동원이 바라보고 있는 사람이 사토 에이사쿠 일본 수상이다. 사진 출처: 국가기록원

임자다. 그런데 맥아더 의중이 작용해, 전범 재판을 받기는커녕 천황으로 계속 남았다.

사토 에이사쿠는 알다시피 기시 노부스케의 친동생인데, 통산 장관이었던 1962년 팔굉일우八紘一宇에 대해 이렇게 말한다. "팔굉일우가 침략주의의 다른 이름이라는 주장도 있지만, 세계 일가나 인류애 사상과 연결되는 숭고한 생각이 아닌가 한다." 일제 말 침략 전쟁을 수행하면서 이 팔굉일우라는 말을 굉장히 많이 썼는데도 그렇게 얘기했다.• 또 일본 국회의 한일기본조약 비준은 한국보다 늦었는데, 일본 비준 국회에서 사회당 의원이 "(1910년) 합병조약이 대등한 조약이냐"라고 물으니 사토 에이사쿠는 "대등한 관계에서 그

• 전 세계를 하나의 집으로 만든다는 팔굉일우는 세계를 일본 천황의 지배 아래 두겠다는 뜻이다.

리고 (한국인의) 자유의사의 토대에서 체결됐다"고 이야기했다.

시이나 에쓰사부로는 기시 노부스케가 만주 괴뢰국 산업부 총무처 차장일 때 그 밑에서 일했다. 그다음에 기시 노부스케가 중국 침략을 확대하고 미국을 공격한 도조 히데키 내각에서 군수 차관을 거쳐 통산성 대신이 됐을 때 시이나 에쓰사부로는 차관을 했다. 기시 노부스케와 그야말로 한 묶음이 되는 만주 인맥의 핵심이었다. 시이나 에쓰사부로 이 사람은 1963년에 이런 이야기를 했다. "대만을 경영하고 조선을 합방하고 만주에 오족협화五族協和의 꿈을 기탁한 것이 일본 제국주의라면 그것은 영광의 제국주의라 하지 않을 수 없다."●●

미국, 일본의 반성과
배상 책임을 가로막다

── 과거사에 대한 일본의 비뚤어진 태도는 미국이 전후에 취한 태도와 깊은 관계를 맺고 있지 않았나.

과거사 문제에 대한 일본 정부의 태도를 가지고 수십 년간 크게 논란을 벌이고 있고, 그것이 동아시아에서 평화와 선린 관계를 맺는 데 큰 어려움을 주고 있다. 특히 아베 신조 정권이 등장한 후

●● 오족협화는 일본이 세운 괴뢰 국가인 만주국의 이념이다. 일본인, 조선인, 만주족, 한족, 몽골족의 화합이라는 그럴듯한 명분을 내세웠지만, 본질은 군국주의 일본의 침략 이데올로기였다.

과거사 문제에서 더욱더 후퇴하고 있고, 평화 헌법을 바꿔 전쟁할 수 있는 나라로 가기 위해 극우적 행보를 강행하고 있다고 이야기들을 하지 않나. 그러면서 빠지지 않고 "아베 신조는 기시 노부스케의 외손자다", 이런 얘기를 하고 그런다.

아베 정부가 제일 극단적이지만, 아베 정부를 포함해 역대 일본 정부와 일본인들이 왜 과거사에 대해 이렇게 이웃 나라를 불안하게 하고 분노케 하는 잘못된 태도를 보이고 있느냐. 이 부분에도 이승만 정부, 박정희 정부한테도 책임이 있는 것 아닌가 하는 생각이, 특히 한일 회담을 들여다보면서 든다.

물론 일본인들, 그리고 일본 정부가 과거사 문제에 대해 반성과 사죄를 하지 않는 제일 큰 이유는 일본에 대한 미국의 태도가 냉전 심화와 더불어 전면적으로 바뀌었다는 그 점에 있다. 1946년 1월 연합국 최고 사령부에서 침략 전쟁에 적극 협력한 이들을 대상으로 공직 추방 지령을 내려 약 20만 명을 추방했다. 그러면서 도쿄 재판에서 일본의 주요 전범들을 처단하는 재판을 진행했다. 그렇지만 이때도 미국과 영국에 대한 일본의 전쟁 문제에 초점을 맞추고, 가장 큰 피해를 겪은 아시아에 대한 일본의 가해 책임을 충분히 묻지 않지 않았느냐는 지적이 있다. 또 하나는, 이때도 전쟁 지도자에 한정해 책임을 물었고 일본 국민한테도 전쟁 협력 책임이 있다는 것에 대해서는 이 재판에서 묻지 않았다는 것이다. 1948년 11월 12일 도쿄 재판에서는 도조 히데키 등 7명에게 사형, 16명에게 종신 금고형 등의 판결이 내려졌고, 12월 23일 7명의 교수형 집행이 이뤄졌다. 그런데 바로 그다음 날 박정희 집권 시기에 소위 친한파 거두로 일컬어지는 기시 노부스케, 고다마 요시오 등 A급 전범 용의자 19명이 석방됐다.

요시다 시게루의 뒤를 이어 1954년부터 1956년에 걸쳐 수상을 맡은 하토야마 이치로, 그리고 하토야마 이치로의 뒤를 이어 1957년 2월까지 수상을 하는 이시바시 탄잔, 이 사람들도 군국주의 정권과 관계가 있다는 이유로 연합국 최고 사령부에 의해 바람직하지 못한 인물로 낙인찍혀 숙청됐던 인물들이다. 그런데 이 사람들이 일본 수상이 됐다. 미국의 정책이 전환하면서, 일본 군국주의에 협력한 사람들이 일본 수상이 되는 사태가 일어난 것이다. 더 나아가 A급 전범으로 지목돼 3년 동안 형무소에 수감됐던, 그리고 1952년 4월까지 정치 활동이 금지됐던 기시 노부스케가 이시바시 탄잔에 이어 두 차례에 걸쳐 수상이 됐다. 미국이 이런 식의 조치를 취한 것은 과거사 문제를 반성하지 않는 태도를 일본에 크게 심어주었다고 많은 사람이 지적하고 있다.

── 미국의 그러한 자세는 배상 문제에도 영향을 끼치지 않았나.

　　미국은 인도네시아, 필리핀 같은 나라들한테 일본이 배상을 할 때에도 일본이 경제적 활동을 유지하는 속에서 지불 가능한 액수를 요구하도록 '권고'하고, 승전국에 의한 일방 배상 청구 형태가 아니라 각각의 국가가 일본과 교섭해 총액과 내용을 결정하는 식으로 하도록 했다. 일본의 전쟁 책임을 물으면서 배상하게 했더라면 그것 때문에라도 일본이 과거사 문제에 대해 책임 의식을 갖거나 반성을 했을 터인데, 미국은 그런 조치를 권고했다.

　　미국은 중국에 대해서도 그런 식의 조치를 취했다. 중국은 한국과 함께 제일 큰 피해를 본 나라 아닌가. 이 당시에 미국 등은 마오쩌둥이 이끄는 중국이 아니라 대만(자유중국)을 인정했고 자유중국이 국제 사회에서 대륙(중국)을 대표하고 있었는데, 자유중국과 일본이 국교를 정상화할 때 자유중국으로 하여금 배상을 요구하지 못하도록 했다. 제일 배상을 많이 받아야 할 나라가 한 푼도 배상을 못 받았다. 아, 7함대가 철수하겠다는데 어떻게 일본에 배상 요구를 하겠느냐, 이 말이다.˚ 1972년 일본과 중국의 마오쩌둥 정부가 국교를 정상화할 때는 중국 정부가 아예 처음부터 배상을 일체 요구하지 않겠다고 해버렸다. 하여튼 이렇게 일본 측으로부터 배상을 받지 않은 것, 그 점도 일본 측이 과거사 문제에 대해 '우리가 잘못한 게 뭐가 있느냐', 이런 생각을 갖게 하는 강력한 근거가 됐다.

일본, 기묘한 피해 의식과
한국·중국 멸시 의식의 부적절한 동거

— 패전 후 일본 사회에서는 자신들로 인해 엄청난 아픔을 겪은 다른 나라 사람들에 대한 미안함보다는, 일본인의 고통에 초점을 맞추는 기묘한 피해 의식을 더 강하게 드러내는 경우가 많다는 지적도 나온다.

도무지 이해가 안 가지만, 일본인들은 가해자 의식이 없거나 미약하고 피해자 의식이 강하다. 미국의 원자탄 투하와 도쿄 대공

˙ 1949년 장제스 세력을 대륙에서 축출한 마오쩌둥 세력은 대만까지 무력으로 장악할 생각을 갖고 있었다. 이듬해 한국전쟁이 터지면서 상황이 바뀌었다. 미국은 한국전쟁에 즉각 개입하는 한편 7함대를 타이완해협에 배치했다. 이는 마오쩌둥 세력이 대만 전면 공격 구상을 실행하는 것을 억제했다.

습, 러시아의 일본 군인 포로 정책 등으로 피해를 봤다는 점을 강조한다. 또 상당수 일본인들이 아시아·태평양 침략, 이것을 영광의 역사로 여기는 것 아닌가 하는 것을 일본 교과서만이 아니라 여러 경로를 통해 알 수 있다. 야스쿠니 신사에 갈 때마다 느꼈던 것이기도 한데, 야스쿠니 신사에 진열돼 있는 것들을 보면 영광의 전쟁, 즉 제2차 세계대전에서 일본이 얼마나 영광스러운 역사를 갖고 있는가를 눈에 잘 보이게 하고 있다. 이런 것도 일본인한테는 야스쿠니 신사에 가볼 때마다 '우리가 억울하게 졌다', 이런 생각을 갖게 할 것이다. 그리고 앞에서 얘기한 것처럼 일본의 전후 정권은 전전 체제를 이어받았다. 이렇게 전전 체제를 이어받은 정권에서 어떻게 과거사를 반성하겠는가. 또 한겨레 김효순 기자가 그렇게 썼던데, 일본인한테는 '뉘우친다'는 관념이 없다고 한다. '유감이다', '부끄럽다' 같은 표현은 있는데 '뉘우친다'는 관념이 없어서 사죄한다는 의식이 미약하다는 지적이 있다.

그리고 일본인들은 오랫동안 한국인과 중국인에 대한 멸시 의식을 갖고 있었다. 사실은 지금까지 그대로 갖고 있다고 이야기할 수도 있다. 구보타 망언이나 다카스기 신이치 망언이 있을 때나, 또 다른 망언이 있을 때나 일본인들 중에서 진보 세력의 다수까지도 그걸 망언이라고 이야기하지 않는 걸 볼 수 있다. 극히 일부 세력만 '이건 있어서는 안 되는 것이다', 그렇게 생각하는데 구보타 망언 때는 진보적 언론이나 정치 세력도 그게 잘못이라고 생각하지 않았다. 21세기 들어서도, 이시하라 신타로 그자 역시 망언을 거듭하는데도 도쿄도 지사에 계속 당선돼 4선까지 하지 않았나.

일본인들은 근대 시기에 들어갈 무렵부터 더 심하게 한국을 얕보는 의식을 가졌다고 한다. 메이지 유신으로 바뀔 무렵부터 신공왕후(진구황후)의 신라 정벌 설화에 대해 소학교 때부터 배웠다고 한다. 그래서 그게 머릿속에 일본인이라면 다 박혀 있고, 임나일본부설이나 당파성론 등의 식민 사관 같은 것들에 의해 한국을 얕보는 사고가 그대로 들어 있다고 그런다. 이런 것 때문에도 한국에 대한 멸시감이 일본인 대다수한테 남아 있다고 그러는데, 그게 과거사 문제에 소극적인 태도를 취하거나 반성은커녕 오히려 반감이나 혐한嫌韓 의식을 갖게 하는 이유이기도 하다.

— 일본 측의 잘못된 태도와 관련해 이승만 정부, 박정희 정부한테도 책임이 있는 것 아닌가 하는 지적을 앞에서 했다. 굴욕적한일 회담이라는 비난을 자초한 대목 이외에도 더 깊을 지점이 있어 보인다.

일본인들이 과거사에 대해 그런 태도를 취하게 된 데에는 베트남 파병 같은 것도 일정한 역할을 했다. 예컨대 일본인들이 과거에 한국인한테 저지른 만행을 얘기하면, 일부 일본인들이 '너희는 베트남 가서 그런 짓 안 했느냐. 그리고 다 미국 돈 받고 베트남에 간 것 아니냐'는 식으로 얘기하면서 '한국인이 뭘 잘났다고 떠드느냐'고 하는 걸 볼 수 있다. 이런 식으로 일본인들이 책임을 회피하는 게 올바르다고 할 수는 없다.

이승만 대통령이나 박정희 정부를 보는 눈, 이것도 한국 정부에 대한 일본인들의 태도에 영향을 주었다. 예컨대 일본 정부나 일본인들은 이승만 대통령의 반일 운동을 도무지 이해할 수 없다는 태도를 취하는 걸 볼 수 있다. 우선 친일파들이 군경, 여당, 그리고 주요 관직을 거의 다 차지한 친일파 정권이라고 하는 이승만 정권이 반일 운동을 그렇게 크게 일으켰다는 점에서 그러했다. 또 이승만 정부 측이 반일 운동을 일으키면서 "일본의 새로운 군국주의자들이 공산국의 독재 군대와 합작할 것이다"라든가 "일본이 친일하는 한인들과 반정부 한인들을 이용하여 다시 한반도를 병합하려는 목적을 가진 것을 우리가 알고 있다"는 식으로 주장하는 것을 일본인들은 납득하기가 어려웠다. 여기서 "친일하는 한인들", 이건 1956년 민주당 대통령 후보였던 신익희 등 일본과 국교 정상화를 주장한 야당 인사들을 가리키고, 반정부 한인은 일본으로 망명한 반정부 한국인들을 가리킨다. 일본 정부, 일본인들은 이승만을 합리적인 사람 또는 이성적으로 일을 처리하는 인물로 보려고 하지 않았다.

재일 교포 북송 사건이 있었을 때 이승만 정부에서 북송 반대 운동을 1959년 2월부터 그해 연말까지 거의 1년 내내 벌이지 않나. 이렇게 장기간에 걸쳐 벌이는데, '도대체 이승만 정부에서 재일 교포에 대해 뭔가 좋은 정책을 한 게 있느냐', 이런 것도 이승만 정권에 대한 태도에 영향을 줬다. 이승만 대통령에 대해 또는 이승만의 반일 정책에 대해 '이건 너무나도 문제가 있다'고 주장을 했는데, 그것이 바로 한국인에 대한 태도로까지 나타났다.

— 박정희 정권의 경우 어떠했나.

한일 회담에 대한 박정희 정부의 태도 그리고 친일적인 면모, 이런 것들도 일본인들이 한국인을 낮춰 보려는 생각을 하는 데 일조한 면이 있었다는 생각이 든다. 박정희 정권은 일본인이건 일본 정부건 과거사에 대해 반성하거나 사죄하는 마음을 갖게 하지 않았다. 박정희가 일제 시기에 만주군관학교, 일본 육사를 나왔다는 것이 일본인으로서는 반갑기도 했지만 그렇기 때문에 얕잡아 볼 수도 있었다. 박정희가 만주군 하급 장교였다는 것도 그러한 의식을 강하게 갖게 만들었다. 더구나 5·16쿠데타 후 처음으로 일본에 왔을 때 박정희는 특별히 연락을 해 만주군관학교 시절 교장을 만나고 깍듯이 예를 갖추지 않았나. 그러니 무엇 때문에 일본이 한국을 지배한 것에 대해 반성을 하겠나. 오히려 자신들의 행위가 정당했다는 것을 입증해주는 구체적 사례로 간주할 수 있었다.

그 점은 기시 노부스케를 비롯한 만주 인맥에 대한 박정희의 태도에서도 마찬가지였다. 박정희는 이 사람들을 만났을 때 "명치유신 당시 일본의 근대화에 앞장섰던 지사들의 나라를 위한 정열만큼은 알고 있다", "그들 지사와 같은 생각으로 해볼 생각이다", "강한 군대를 만드는 데에는 일본식 교육이 가장 좋다"고 하면서 일본의 과거를 칭찬하지 않았나. 그러니 뭣 때문에 자신들의 과거사를 반성하겠는가. 이처럼 박정희가 일제 시대의 군인 생활에 대해 강한 향수를 보이거나 친일적인 면모를 강렬하게 보여준 것이 한편으로는 일본 사람들을 흐뭇하게 할 수 있었겠지만 다른 한편으로는 박정희, 박정희 정권, 한국인을 모두 얕잡아 보게 했다.

나는 '일본인들은 떳떳한 주장, 당당한 논리를 내세우는 것을 두려워하고 존경한다. 강자를 두려워하고 약자를 멸시한다'는 얘기를 많이 들었다. 박정희 정권이 평화선 문제나 을사조약, 병합조약 문제를 처음부터 포기하거나 그것에 대해 애매한 태도를 취하면서 청구권 액수에 집착하는 모습을 보인 것도 일본 측에 약점을 잡히는 행위였다. 무엇보다도 박정희가 과거사 반성을 요구하지 않는데 일본인들이 무엇 때문에 과거사를 반성하겠나. 이동원 외무부 장관이 정정당당하게 주장을 펴지 못하고 "과거의 어느 기간에 양 국민에게 불행한 관계가 있었"다고 얘기하는데 일본인들이 무엇 때문에 과거사를 반성하겠나.

이러한 한일 회담 과정, 박정희 정권의 지나친 친일 정책, 박정희의 일제 시기 군인 시절에 대한 강한 향수나 일본 국수주의와 군국주의 찬양, 일제 식민 사관의 적극적인 수용 태도 등은 어느 것이나 일본인들이 과거사를 반성하는 것을 가로막았다. 그것이 그 이후 오늘날까지 대등하고 정상적인 한일 관계를 갖는 데 매우 부정적인 영향을 끼치고 있다.

독일과는 너무나 다른 일본

— 과거사에 대해 독일은 일본과 다른 모습을 보였다. 유럽이 오늘날 역사 문제가 첨예한 국가 간 갈등 요소 중 하나로 작용하는 동아시아와 다른 모습을 보이는 것은 이러한 독일의 태도를 빼놓고 설명할 수 없지 않나.

누구나 얘기하는 것이지만 배상·보상과 과거사 사죄에서 독일과 일본이 너무나도 큰 차이가 난다. 간단하게 살펴보자. 1993년 8월 18일 자 아사히신문에 따르면, 독일과 일본이 1988년까지 배상·보상한 액수를 국민 1인당 부담액으로 환산해 비교하면 독일이 일본의 무려 65배가 넘는다고 한다. 독일은 1988년 이후에도 계속해서 부담했다. 2000년에 들어와서도 독일 정부는 나치 강제 노동 피해자들에게 배상하고자 100억 마르크를 마련하고, 전 세계 각처에 살고 있는 피해자들의 주소를 일일이 수소문해 다 배상해주려

했다.[•] 독일은 희생자가 생존하는 한 배상한다는 원칙에 따라 1990년에는 나치 정권 피해자 배상법, 1992년에는 연금 형태의 배상법을 만들었다. 그렇게 해서, 동독에 거주하는 바람에 피해자들한테 배상하지 못했던 부분까지 다 배상했다.

너무나도 잘 알려져 있지만 빌리 브란트 총리가 1970년 폴란드를 방문했을 때 바르샤바 유대인 위령탑에서 무릎을 꿇고 사죄했다. 헬무트 콜 총리도 거듭해서 과거사 문제에 대해 언급했고, 앙겔라 메르켈 총리도 무슨 문제만 있으면 계속 과거사에 대해 사과했다. 폰 바이츠제커 전 대통령도 그랬다. 이렇게 계속 참회하고 사죄하는 모습을 볼 수 있다. 그와 동시에 나치에 협력한 자들을 최근까지도 체포해 계속 재판에 회부했다. 2013년에는 70년 전 학살에 관련된 나치 전범을 재조사하지 않았나.

이처럼 잘못한 사건이 났다 하면 재조사하고, 나치 전범은 시한에 관계없이 처단해야 한다는 원칙을 지키고 있다. 그러면서 역사 바로잡기 운동도 계속 벌여 독일은 프랑스와 공동 제작한 역사 교과서를 2006년부터 고등학교에서 교재로 쓰고 있고, 폴란드와도 공동 역사 교과서를 만들고자 오랫동안 노력했다. 바로 이런 것이 기반이 돼 많은 프랑스인들이 이제 독일을 침략자라고 생각하지 않고, 그러면서 독일과 프랑스가 주축이 돼 유럽공동체EC에서 유럽연합EU으로까지 통합을 진전시켰다. 이런 것들은 일본과 너무나도 큰 차이를 보여준다.

[•] 2000년 7월 독일과 미국, 이스라엘, 폴란드, 러시아, 체코, 우크라이나 등은 나치 강제 노동 배상에 관한 국제 협정에 서명했다. 강제 노동에 책임이 있는 독일 기업들과 독일 정부가 각각 절반씩 비용을 부담하고, 강제 노동 피해자들이 독일 기업들에 대한 개별 소송을 더 진행하지 않는 방식으로 이뤄졌다.

예비역 장성과 기독교 보수 세력조차
문제투성이 협정에 분노했다

한일 회담·한일협정, 열 번째 마당

1965년 4월 16일 동국대생들의
시위 모습. 이들은 시위 중
두개골을 다친 같은 학교 학생
김중배가 사망하자 격렬한
시위를 벌였다.
사진 출처: 국가기록원

사라진 평화선, 미국과는 밀월,
비판 세력에겐 철퇴 가하며 한일협정 조인

김 덕 련 한일협정의 문제점을 비판하는 목소리는 1964년에 이어 1965년에도 터져 나오지 않았나.

서 중 석 1965년에 가면 한일협정과 관련해 더 커다란 시위, 더 장기간에 걸친 시위가 벌어진다. 6월 22일 한일협정이 조인될 때까지는 조인 반대 운동으로 일어나고, 8월 14일 비준될 때까지는 비준 반대 투쟁으로 벌어졌다. 이 시기 반대 운동과 관련해서는 성균관대 오제연 교수의 연구 등을 참조했는데, 구체적으로 살펴보면 우선 2월 20일 한일기본조약이 가조인된 후 3월 하순에서 4월 초에 걸쳐 범국민투위가 각지에서 유세를 벌인다. 이때 부산, 광주, 대구에서는 2만 명 정도나 되는 많은 시민이 모였다. 이 시기에 학생 시위도 일어났다. 그런 가운데 4월 3일에는 3대 현안으로 불린 청구권 및 경제 협력 관련 합의 사항, 재일 한국인 처우 관련 합의 사항, 어업 관련 합의 사항에 대한 가조인이 이뤄진다.

평화선과 관련된 부분을 보면, 한국 어민만이 배타적으로 어업을 할 수 있는 수역(전관 수역)으로 그전엔 한국 정부가 공해 부분을 포함해 40해리를 주장했는데 여기서 물러나 12해리로 설정했다. 그러면서 40해리까지는 한국과 일본의 어민이 함께 조업하는 공동 규제 수역으로 설정했다. 어업 협정에서 평화선을 언급하진 않았지만, 이렇게 해서 평화선은 저절로 없어졌다.

가조인 후 얼마 지나지 않아 또다시 서울에 있는 여러 대학에서 시위를 했다. 이때 시위가 참 많았다. 그러자 정부는 4월 16일,

각 학교에 4월 말까지 휴교를 지시했다. 휴교령이 내려졌는데도 시위는 계속됐다. 고등학교, 그러니까 배재고, 보성고, 마포고 같은 데서도 4월 17일 가두시위를 벌였다. 이날 범국민투위가 서울에서 주최한 시민 궐기 대회에 4만여 명이나 참여하고, 궐기 대회가 끝나고 나서는 5,000여 명의 시민과 학생이 최루탄을 앞세운 경찰의 탄압에 맞서 파출소를 점거하고 소방차를 탈취하는 격렬한 시위를 벌였다.°° 4월혁명 5주년인 1965년 4월 19일 유엔군 사령관 해밀턴 하우스 대장의 협조 아래 3군 대기령이 내려졌는데, 이날 여러 대학에서 시위를 했지만 규모가 그렇게 크지는 않았다.

이렇게 시위가 계속되는 속에서 5월 16일 박정희 대통령은 린든 존슨 대통령과 정상 회담을 하기 위해 미국으로 갔다. 여기에서 한일 회담 지지는 물론이고 베트남을 지원하는 것에 대해 합의를 봤다. 공동 성명(5월 19일)에 베트남 지원 부분이 포함됐다. 이 공동 성명을 보면 1억 5,000만 달러의 장기 차관을 미국이 한국에 공여한다고 했다.

• 평화선을 백지화한 정부의 결정은 1963년 대선과 맞물려 있었다. 2005년 정부가 공개한 한일협정 외교 문서에 이에 관한 내용이 담겨 있다. 이에 따르면, 농림부와 국방부는 40해리 방안을 고수했지만 외무부, 중앙정보부, 공보부 등은 이를 묵살했다. 그렇게 평화선 포기를 결정한 것에 더해, 어민 피해를 감수하고 일본의 요구를 수용한 사실을 대선이 끝나기 전에는 공개해선 안 된다는 방침도 세웠다. 이에 더해 평화선 문제와 관련해 정부를 비판하는 언론사들을 회유해 여론을 조작하는 방안도 제기됐다.
1963년에 여러 차례 열린 정부 대책 회의 등에서 나온 다음 이야기들은 이를 잘 보여준다. "대선을 앞두고 이런 중대 문제를 처리한다는 것은 야당 측 공세에 직면해 선거에서 불리해지는 만큼 신방안(12해리 방안)의 제출 시기는 대선 이후가 좋다"(외무부), "문제는 정권이냐 한일 문제냐의 양자택일이다"(중앙정보부), "정권을 먼저 잡아야 한다. 정권을 잡으면 문제는 해결된다"(최고회의), "국내 여론이 어업, 평화선 문제에 동조적이지 않은 만큼 유력 일간지로 하여금 '평화선의 수호는 불가능하며 농어촌 발전의 전제 조건도 아니다'라는 기사를 쓰게 해야 한다"(공보부).

•• 4월 13일 시위에서 두개골을 다친 동국대생 김중배가 15일 밤 세상을 떠난 것도 시위를 격렬하게 만든 요인 중 하나였다.

1965년 5월 16일 미국을 방문한 박정희 대통령이 린든 존슨 대통령과 성명서를 발표하고 있다. 이 공동 성명을 보면 1억 5,000만 달러의 장기 차관을 미국이 한국에 공여한다고 되어 있다. 사진 출처: e영상역사관

— 1965년 방미 때 미국은 박정희 대통령을 융숭하게 대접했다. 미국 대통령 전용기를 이례적으로 한국에 보내고, 워싱턴에서는 존슨 대통령이 박 대통령과 함께 카퍼레이드를 했다. 베트남전쟁에서 한국군을 적극 활용하려는 미국의 구상과 떼어놓고 생각할 수 없는 풍경이다. 이해 10월, 박 대통령은 베트남에 전투 부대를 보낸다. 다시 돌아오면, 한일협정 조인을 앞두고 시위가 다시 격렬하게 벌어지지 않았나.

한일협정 조인이 임박하면서 시위가 훨씬 치열해졌다. 서울대 법대생 80여 명이 6월 14일 무기한 단식 농성에 돌입했는데, 단식 농성이 100시간을 넘기면서 졸도하는 사람이 속출했다. 단식 농성

은 다른 대학으로 번졌다. 조인 전날인 6월 21일 밤까지 단식 농성에 참여한 학생이 13개 대학, 800여 명에 이르렀다. 조인 전날, 서울 시내에서 12개 대학, 3개 고등학교 학생 1만여 명이 가두시위를 벌였다. 경찰은 곤봉 세례, 최루탄 발사 등으로 가두시위에 대처했다. 이날 고려대 시위 현장에는 무장 군인이 나타나고 그랬다.

6월 22일에는 고려대, 연세대, 동국대, 건국대, 명지대, 성균관대, 수도공대, 수도의대, 홍익대, 가톨릭의대 등에서 가두시위를 전개했다. 서울대 법대 등 서울의 몇몇 대학과 지방 대학에서는 단식 농성을 벌였다. 연세대의 경우 시위대가 아현동 로터리를 돌자 경찰과 기동대가 무차별 난타했다. 그러면서 아현동 고개가 폭력의 아수라장으로 변했다. 경찰은 가정집으로 숨어든 학생들도 무자비하게 때려 실신시키고, 트럭에 실은 후에 또 때려 시민들의 분노를 샀다.

이화여대생 4,000여 명은 밤늦게까지 성토대회를 열었다. 서울대 법대생들은 단식 200시간이라는 기록을 남기고 해산했다. 서울대 사범대, 외국어대, 건국대, 고려대, 한신대 학생들도 이날 단식 농성을 중단했다. 서울시경은 이날 1,000여 명을 연행해 1명을 구속하고 30명을 입건했다.

이렇게 격렬한 조인 저지 시위가 벌어지는 속에서 한일협정이 1965년 6월 22일 일본 도쿄에서 조인됐다. 한일기본조약, 한일 재산 및 청구권 문제 해결과 경제 협력에 관한 협정, 한일 어업 협정, 재일 교포 법적 지위와 대우에 관한 협정, 한일 문화재 및 문화 협력에 관한 협정, 이렇게 1조약 4협정이 주축을 이루고 있고, 이 1조약 4협정을 포함해 25개에 달하는 조약, 협정, 의정서, 부속 문서, 교환 서한 등에 서명해 조인이 이뤄졌다.

이날 서울대가 조기 방학에 들어간 데 이어 대부분의 대학들도 이날부터 정치 방학이라고 불린 임시 휴교 또는 방학에 들어갔다. 서울 시내 58개 남자 고교들도 서울시 교육위원회의 긴급 지시로 2~5일간 휴교에 들어갔다.

조인된 후엔 각계에서 비준 반대 투쟁
학교가 문을 닫아도 시위는 계속됐다

— 거센 반대 시위를 무릅쓰고 한일협정에 조인했지만, 한일협정의 문제점을 비판하는 목소리는 계속 터져 나오지 않았나.

6월 22일 한일협정이 조인된 이후에는 한일협정 비준 반대 투쟁이라고 불리는 비준 반대 시위가 아주 치열하게 벌어졌다. 시위가 하도 많이 벌어져 하나하나 거론하기 어려울 정도다. 그러면서 일본 상품 불매 운동도 벌어졌다.

이때 시위 현장에는 학생들뿐만 아니라 사회 각계에서 나왔다. 그런 점에서도 중요하다. 야권은 1965년 6월 14일 윤보선이 이끄는 민정당과 박순천이 이끄는 민주당이 합당해 통합 야당인 민중당을 결성했다. 그런데 흥미롭게도 윤보선이 박순천한테 당수 경쟁에서 지고 말았다. 유진산이 박순천을 지원했기 때문에 이런 일이 벌어진 것이다. 1964년 8월 언론윤리위원회법 통과 후 윤보선 세력이 민정당에서 유진산을 제명한 유진산 파동 때부터 계속된 내부 갈등은 민중당을 계속 무력하게 만들어서, 비준할 때까지 투쟁을 하긴 하는데 강경파와 온건파가 계속 대립하면서 따로 노는 모습을 보였다.

1965년 5월 29일 민중당이 주최한 한일 회담 반대 궐기 대회에 참석한 사람들. 사진 출처: 국가기록원

　　조기 방학, 휴교 등으로 학교가 문을 닫은 상태에서도 데모는 계속됐다. 6월 23일에는 이화여대생 1,000여 명과 성균관대, 경북대 등의 대학생들 그리고 대전 지역의 보문고, 대성고 학생들이 가두시위에 나섰다. 부산수산대에서는 '평화선 애도 장송식', '수산 자원 멸종 장송식' 등을 거행했다. 또한 부산수산대를 비롯한 여러 대학생, 고교생들이 단식 농성을 벌이거나 성토대회를 열었다.

　　이화여대 시위의 경우 경찰이 여학생들인데도 경찰봉과 최루탄으로 진압에 나서 학생 2명이 중상을 입고 50여 명이 다쳤다. 6월

한일 회담 반대 궐기 대회에서 민중당 관계자가 연설을 하고 있다. 사진 출처: 국가기록원

26일 이화여대 교수 300여 명은 이에 대해 정일권 총리 등에게 항의문을 전달했다.＊ 연세대에서도 6월 21일과 22일 아주 심한 탄압과 구타 같은 게 있어 교수들이 26일 교무회의 명의로 항의했다. 어

＊ 교수들은 항의문에서 "(6월 23일) 본교 정문 안 육교를 꽉 메우고 연좌한 학생들 인체에 닿는 거리에 5~6발의 최루탄을 터뜨려 순식간에 중상자 2명, 졸도 학생 40여 명, 부상자 50여 명, 도합 90여 명의 중경상자를 냈다"고 규탄했다. 이들은 무장 경찰이 교정에 무단 진입해 최루탄을 터뜨리고 곤봉을 휘두른 건 민주 국가에서 있을 수 없는 만행이라고 주장했다.

용 단체라는 이야기를 듣던 대한교육연합회(대한교련, 오늘날 한국교원단체총연합회)조차 학생 시위에 대한 경찰의 과잉 진압을 비판하는 항의 성명을 7월 1일 발표했다.

　시위는 6월 24일에도 계속되었다. 이날 숙명여대, 대전농전 등의 학생들이 시위를 벌였고, 이화여대 등에서 단식 농성이 있었다. 충남대와 대전 시내 중·고교 29개 교에 휴교 조처가 내렸다. 25일에는 덕성여대, 서울여대와 동양공전, 동양공고, 논산대건고 학생들이 시위를 했다. 연세대, 이화여대 등 여러 대학에서 단식이 계속되었는데, 그중 41명이 졸도했다. 26일과 28일에도 서울과 지방의 여러 대학에서 단식과 시위가 계속됐고, 서울 시내 59개 고교는 휴교를 연장했다. 29일에는 고려대생 4,000여 명과 명지대, 동덕여대, 국학대, 수도공대, 그리고 중동고, 평택종합중고 학생들이 시위에 들어갔다. 이날 고려대 학생 1명이 경찰봉에 맞아 뇌 수술을 받았는데, 수술 후에도 중태였다. 서울 시내 종합 대학과 6개 단과 대학이 방학에 들어갔다. 그렇지만 대학생들의 단식과 데모는 7월 초순에도 계속되었다. 이 시기에는 서울과 지방의 고교에서 잇달아 시위가 일어났다. 7월 5일이 되면 이제 전국 고교가 거의 다 방학에 들어간다.

　한편 한일협정 조인 다음 날인 6월 23일 북한은 정부 성명을 통해 "조선민주주의인민공화국은 대일 배상 청구권을 보유한다", "독도는 조선 인민들의 고유하고 신성한 영토다" 등을 주장하며 한일 조약과 제 협정은 무효라고 선언했다. 그다음 날에는 한국전쟁 15주년을 앞두고 평양 김일성광장에 30만 명이 모여 한일 조약 분쇄, 미군 즉시 철거를 요구하는 군중 대회를 열었다고 보도했다.

박정희 정권에 충격을 준
교수 354명 및 예비역 장성들의 단체 행동

— 대학과 고교들이 조기 방학에 들어갈 무렵 사회 각계 지도층
이 적극 나선다. 그 면면을 살펴보면 보수 성향 인사들이 적지
않았다. 특히 그중에는 친미 일변도, 극우 반공 성향으로 분류
되는 이들도 있었다는 점이 눈에 들어온다.

바로 이때부터 사회 인사들의 비준 반대 투쟁이 강하게 나타
난다. 함석헌이 삭발 단식을 한 날인 7월 1일 한경직, 김재준, 강원
용, 강신명, 한명우 등 개신교를 대표하는 목사 100여 명이 영락교
회에서 한일 회담 비준 반대 성토대회를 열었다. 이들은 "한일협정
에 관한 국민의 애국적 의사 표시를 권력으로 탄압하는 행위를 즉
시 중지하기를 촉구한다"는 내용의 '기독교 목사 교역자 성명서'를
발표했다. 7월 4일에는 대전 기독교인들, 군산 기독교인들이 한일협
정을 반대하는 집회를 열거나 시가행진을 했다. 7월 7일에는 대한
예수교장로회 총회에서 국난 타개를 위해 기도하자는 담화문을 발
표했다. 이 무렵부터 개신교의 시위 투쟁이 계속 일어난다.

7월 3일에는 대한변협, 서울제일변호사회를 비롯한 법조인들
이 나서고, 9일에는 역사학 관련 3개 단체, 그러니까 역사학회, 한
국사학회, 역사교육연구회에서 들고일어났다. 여성문제연구회에서
는 공청회를 열었다. 범국민투위는 부산, 광주, 인천 등 여러 지역
을 돌면서 궐기 대회 등을 열었다. 역사학 관련 3단체가 성명을 낸
7월 9일, 문인 84명도 성명을 냈다. 조지훈, 황순원, 박경리, 박화성,
신동엽, 김수영 같은 사람도 들어 있지만 이승만 정권 말기에 '만송

족'(만송은 이승만 정권 후반기에 2인자이던 이기붕의 호)이라고 비판을 받았던 사람도 포함돼 있다. 모윤숙, 박종화, 박목월, 이은상처럼 정권과 가까웠던 사람들도 여기 들어 있어서 그야말로 문인들이 망라된 게 아니냐는 생각을 갖게 했다. 7월 10일에는 4월혁명동지회에서 비준 반대 성명서를 냈다. 7월 28일에는 4·19 당시 학생회장단과 혁명 단체 회장단까지 들고일어났다.

7월 13일에 열린 학술원 총회에서도, 한일 회담 주역 중 한 명이던 원용석 무임소 장관의 강연을 거부하고 일부 회원이 퇴장하면서 한일협정을 비판했다. 이처럼 당시 지식인층에서는 거의 다 비준 반대에 나서지 않았는가 하는 생각이 든다.

정부에 충격을 준 중요한 성명으로는, 임시 국회가 열려 한일협정 비준에 들어가려고 하던 7월 12일 서울 시내 18개 대학 교수 354명이 서울대에 모여 한일협정 비준 반대를 선언한 것을 들 수 있다.

─ 교수 354명이면 4월혁명 때 시위에 나선 교수보다도 많은 인원 아닌가.

이건 1948년 김구와 김규식의 남북 협상을 지원하며 문화인 108인이 성명을 내고, 1960년 4월 25일 교수 258명이 시국 선언에 서명하고 대학 교수단 시위를 한 것과 함께 아주 중요한 지식인 성명으로 꼽힐 만하다. 교수 354명이 선언한 건 당시 우리나라에서 제일 많은 숫자였다. 그 성명서를 보면 "한일기본조약은 과거 일본 제국주의 침략을 합법화했다", "청구권은 당당히 요구할 수 있는 재산상의 피해를 보상하는 것이 못 되고 무상 제공 또는 경제 협력이라는 미명 아래 경제적 시혜를 가장하였으며 일본 자본의 경제적 지배를 위한 소지를 마련해주었다", 이렇게 한일협정의 문제점을 조목조목 지적했다.

충격을 받은 박정희 정권은 즉각 반응을 보였다. 문교부는 서명한 교수들의 성분 조사 작업에 들어갔다. 서명한 원로 교수 조윤제는 연행됐고, 의장단의 일원인 김경탁 교수는 경찰서에서 심문을 받았다. 한편, 당국이 작용했겠지만, 일부 신문에 유인호, 박승하, 정범석 교수가 "본인 모르게 (한일협정 비준 반대 선언에) 이름을 도용당해 경찰에 고발했다"고 보도되는 일도 벌어졌다. 그렇지만 이 세 교수는 "교수단 선언을 지지하고 협정 비준에 반대하는 소신에 변함이 없으며, 고발한 사실이 전혀 없다"고 밝혔다.

대학 교수 선언에 이어 박정희 정권에 큰 충격을 준 반대가 또 나타났다. 7월 14일 김홍일(예비역 중장, 5·16쿠데타 후 외무부 장관), 김재춘(전 중앙정보부장), 박병권(5·16쿠데타 후 국방부 장관), 박원빈(5·16쿠데타 후 무임소 장관), 백선진(군사 정부 초대 재무부 장관), 송요찬(5·16쿠데타 후 내각 수반), 손원일(이승만 정권 때 국방부 장관), 이호(이승만 정권, 허정 과도 정권 때 법무부·내무부 장관), 장덕창(전 공군 참모총장), 조흥만(군사 정부 초기 치안국장), 최경록(4월혁명 후 육군 참모총장) 이렇게 군에서 신뢰받고 군이나 군사 정부에서 고위직에 있었던 11명이 "정부는 국가의 장래를 위해 한일협정 비준을 강행하지 말고 국민의 의사를 물어라"라고 하면서 한일협정에 반대하는 성명서를 발표했다. 이들은 성명서를 통해 한일기본조약, 평화선, 청구권, 재일 교포, 문화재 등 중요 문제에 대해 교수 354명의 성명서와 마찬가지로 하나하나 문제점을 지적하면서 규탄했다.

그러면서 예비역 장성, 교수, 종교인, 법조인, 문인, 독립 운동

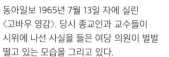

동아일보 1965년 7월 13일 자에 실린
〈고바우 영감〉. 당시 종교인과 교수들이
시위에 나선 사실을 들은 여당 의원이 벌벌
떨고 있는 모습을 그리고 있다.

동아일보 7월 14일 자에 실린 〈동아희평〉.
문교부가 주로 하는 일이 서명한 교수들의
성분 조사 작업이라는 걸 풍자하고 있다.

자, 여성계 인사 등 각계 지도층 인사를 망라한 조국수호국민협의회가 7월 31일 발족했다. 한일협정 비준 저지 연합 투쟁 조직인 조국수호국민협의회의 활동에 대해서도 박정희 정권이 강경하게 나왔지만, 특히 예비역 군인들의 성명에 대해서는 더 강하게 탄압했다.

기독교 보수 세력마저
들고일어난 이유

— 기독교인들이 적극 나선 것도 눈길을 끈다. 특히 기독교계에서도 오른쪽에 있다는 이야기를 듣던 이들까지 박정희 정권 규탄에 앞장선 것도 짚어볼 대목이다. 왜 이런 일이 생긴 것인가.

개신교에서 강하게 반대하는 걸 볼 수 있는데, 앞에서 이야기한 7월 1일 개신교 중요 지도자들의 행동이 있고 나서 7월 4일 대전에서 구국 기도회가 열린다. 7월 5일에는 서울에서 격렬한 성토대회가 범국민투위 중심으로 열릴 때 영락교회에서 또 2,000여 신도가 참여해 교역자와 함께 '국가를 위한 연합 기도회'를 연다. 정부에서는 '이것 큰일 났다' 싶어서 정일권 총리가 개신교 지도자들에게 면담을 요청했다. 이날 대한기독교어머니회에서는 비준을 반대하면서 일제 상품 불매 운동을 벌이는데, 여러 대학에서도 이때 불매 운동을 벌였다. 구국 기도회가 영락교회에서 또 여러 번 열리는데, 이것이 새벽 기도회로 가고 하면서 대한예수교장로회 총회라든가 감리교 총리원처럼 교단 차원에서도 비준을 반대하는 걸 볼 수있다. 그러면서 대구, 광주에서는 금식 기도를 하게 되는데 이게 여러 지역으로 번져간다.

하여튼 7월에서 8월 11일 대한기독교장로회 신도들의 산상 구국 기도회에 이르기까지 개신교 쪽에서 이렇게 사회 참여를 한 것은 우리 현대사 전체를 통해 이것밖에 없다. 1987년 6월항쟁 때에도 일부 보수 교단에서 참여한 건 사실이지만, 그 규모가 크다고 볼 수는 없다. 대개는 진보적인 교역자를 중심으로 6월항쟁에 참여했다. 정의구현사제단을 중심으로 해서 가톨릭이 맹렬히 유신 반대 운동을 할 때에도 개신교에선 한국기독교교회협의회KNCC 인권위를 중심으로 부분적으로 반대 운동을 했을 뿐이지 개신교 전체가 크게 일어난 적은 없다. 그런데 이때는 개신교에서 진보 세력, '기장'(대한기독교장로회) 쪽도 참여했지만 보수 진영이라고 하는 '예장'(대한예수교장로회) 쪽, 그러니까 한경직 목사를 중심으로 한 영락교회에서 중요 집회가 연달아 크게 일어났다. 이건 놀라운 현상이다. 예비역 장성들의 움직임도, 대학 교수들이 354명이나 서명한 것도 전고에 없던 일이다.

왜 이렇게 각계에서 들고일어났는가. 이 부분에는 '굴욕적 저자세로 매국 외교를 하는 것 아니냐' 하는 한일협정에 대한 비판적 의식, 한국 경제가 일본에 예속되는 것 아니냐는 위기감뿐만 아니라 개신교 측이나 군에서 신뢰받는 예비역 장성들의 경우 박정희 대통령에 대한 신뢰 문제도 작용한 것으로 보인다. 특히 1963년 2·18 성명, 2·27 선서에서 민정 참여 문제를 놓고 번의에 번의를 거듭한 것에 대해 박병권 장군이나 김홍일 장군, 김재춘 같은 사람들이 어떻게 느꼈겠나. '그렇게까지 국민 앞에 선언을 해놓고 그런 식으로 바뀔 수가 있느냐', '그런 사람이 하는 한일 국교 정상화를 어떻게 믿을 수 있느냐', 이런 것이 작용한 것 같다. 아울러 일부 개신교 보수층에서 박정희 대통령의 전력이라고 할까, 과거 문제에 대해 '뭔가 개운치 않은 게 있다'고 계속 생각한 것도 작용한 것 아닌가 하는 생각이 든다.

동남아 배상금에도 못 미친 3억 달러, 버려진 '위안부', 애물단지 된 독도

한일 회담·한일협정, 열한 번째 마당

김 덕 련 한국과 일본이 1965년 국교를 정상화하면서 맺은 조약과 여러 협정 중 빼놓을 수 없는 것이 청구권 협정('대한민국과 일본국 간의 재산 및 청구권에 관한 문제의 해결과 경제 협력에 관한 협정')이다. 이것 역시 오늘날까지 논란이 되고 있다.

서 중 석 한 연구자는 "청구권 협정이 청구권을 획득한 것이 아니라 포기한 것이다", 이렇게 이야기했다. 청구권 협정을 보면 이런 주장이 먹혀들 수 있는 요소가 있다. 당시 한국 측은 '청구권이라는 말이 들어가야 한다'고 아주 강하게 주장했다. 일본 측 표현에 의하면 '매달렸다'고 한다.

협정 명칭에 재산이라는 말이 들어간 것도, 그것도 청구권보다 앞에 있고 청구권은 "및"이라는 말 다음에 들어가 있어 "재산"의 하위 개념에 머물러 있는 것도 흥미롭다. "재산"은 일본 측이 강하게 넣자고 한 것 같은데, 나중에 문제가 있을 때 대응하려 한 것으로 보인다. 일본이 한때 역逆청구권이라는 것을 주장하지 않았나. 일제 강점기에 일본인이 한국에서 소유했던 재산은 해방 후 귀속 재산이 된다. 그런데 일본 쪽에서는 개인의 재산은 보호되어야 한다고 하면서 그것에 대해 강하게 이의를 제기하여 이승만 정권 시기에 있었던 한일 회담 과정에서 이 부분을 거듭 문제 삼았다.

또 재산, 청구권과 함께 이 협정 명칭에 "재산 및 청구권"에 이어, 그것과 대등하게 경제 협력이라는 말도 집어넣었다. 그러니 이 협정의 명칭에 일본 측의 주장이 대부분 들어갔다고 볼 수 있다. 청구권은 "재산 및 청구권에 관한 문제의 해결"이라는 명칭으로 미약하고 왜소한 모습으로 들어가 있을 뿐이고, 이어서 "경제 협력에 관한 협정"이라고 써놓았다. 청구권 협정이라고 우리가 부르지만, 명칭을 놓고 볼 때 그렇게 부를 수 없음이 명백하다.

그래도 청구권이라는 말이 들어간 건 다행이라고 하자. 그런데 본문을 읽어보면 제1조, 제2조, 제3조가 쭉 나오는데 어떤 데에도 청구권과 관련해 구체적인 이야기가 나오지 않는다. 예컨대 강제 징용된 한국인 노동자들에게 일본 측이 우편 저금 같은 것을 시켰으면서도 그걸 안 돌려줬다는 것도 청구권의 한 내용으로 협의가 됐을 터인데, 본문에는 청구권과 관련해 그런 구체적인 이야기가 들어 있지 않다. 오로지 '무상으로 얼마를, 장기 처리 차관으로 얼마를 일본 정부에서 제공한다. 이것은 대한민국의 경제 발전에 도움이 돼야 한다', 이렇게만 돼 있다. 그러니까 문맥으로만 따지면 무상으로 또는 장기 저리 차관으로 경제 발전에 도움이 되도록 얼마를 준다는, 청구권이 포기된 경제 협력 협정이다. 청구권 협정이 아니다. 더욱이 일본이 '시혜'를 베푸는 형식의 협정이라고 볼 수밖에 없다.

가장 중요한 건 제2조에 들어 있다. "양 체약국 및 그 국민(법인 포함) 간의 재산, 권리 및 이익과 양 체약국과 그 국민 간의 청구권에 관한 문제가 …… 완전히 그리고 최종적으로 해결된 것이 된다는 것을 확인한다." 그러니까 청구권 협정에는 청구권에 관한 구체적인 이야기는 없이 경제 협력으로 경제 발전을 위해 얼마를 제공한다는 것만 들어 있고, 그런데도 이제 양국 국민 사이에서 청구권이 완전히 그리고 최종적으로 해결됐다는 것으로 돼 있다. 그래서 이 문제에 대해서도 지금까지 굉장히 큰 논란이 돼왔던 것이다.

치명적인 독소 조항
"청구권 문제, 완전히 그리고 최종적으로 해결"

— "완전히 그리고 최종적으로 해결"이라는 제2조가 독소 조항임은 분명하지만, 맥락을 잘 살필 필요가 있다는 생각이 든다. 한일 회담 마지막 단계까지도 일본은 해당 자금이 "청구권의 대가"도, "일본의 일방적인 의무에 입각해 제공하는 것"도 아니라고 주장했다(1965년 5월 한일 회담 회의록). '경제 협력 자금' 혹은 '독립 축하금'이라는 것이 일본의 기본적인 자세였다.

이와 관련, 김창록 부산대 교수의 지적은 여러모로 생각할 거리를 담고 있다. 김 교수는 '한일 청구권 협정 관련 문서 공개의 의미'(《역사비평》, 2005년 봄호)에서, 35년간의 한반도 지배가 합법적인 것이었다고 여기는 일본 정부는 그 지배와 관련해 대가를 지불해야 할 이유가 없다고 판단했으며 따라서 한국인 개인의 권리 문제를 해결하기 위해 아무것도 한 것이 없다고 지적했다. 그렇기 때문에 일본 정부가 적어도 한국인 피해자 개개인에 대해 법논리적으로 '종결됐다'고 주장할 수 없다는 것이다.

아울러 청구권 액수도 오랫동안 논란거리다. 금액에도 문제가 많다는 비판도 있지만, 그와 달리 일각에서는 박정희 정부쯤 되니까 일본에서 그 정도 받아낸 것이라고 주장한다. 어떻게 보나.

청구권과 관련해 몇 가지 문제를 짚고 넘어가자. 3억 달러를 '무상'으로 준다, 2억 달러를 장기 저리 차관으로 준다, 상업 차관 3

억 달러를 알선한다고 해서 보통 3·2·3이라고 이야기한다. 하지만 백 보 양보해서 일본 학자가 말하는 준*배상에 해당하는 것이 있다면 그것은 3억 달러라고 할 수 있다. 이 3억 달러도 그렇고 다른 돈도 그런데, 이것들은 플랜트 구입 등 실물 배상과 서비스 제공 형태로 주게 돼 있었다. 현금으로 주는 게 아니라 일본의 플랜트를 구입하는 데 주로 사용되게끔 돼 있던 것이다. 그런 면에서 자금을 사용하는 데에서 한국이 얼마만큼 자유로웠는가를 제기하는 학자도 있다.

또 3억 달러가 적정한 액수냐, 이것도 계속 논란이 돼왔다. 한국 정부가 1949년에 73억 달러를 일본에 요구하는데, 그 금액을 왜 요구하는지가 자세히 나와 있다. 1949년 한국 정부가 조사, 작성한 건데 1993년 8월 20일 세계일보에 난 내용을 보자.

1949년 9월 이승만 정부에서 배상 요구 조서를 만들어 맥아더 연합군 총사령부에 냈다. 거기에는 여러 항목이 있는데, 징용 노무자 10만 5,151명과 사망자 1만 2,603명에 한해 일제가 관련 법규 또는 회사 규정상 지급했어야 할 사망 조위금, 장례비와 각종 수당 등을 산정한 부분도 들어가 있다. 강제 연행과 관련해 지금도 논란이 계속되는 부분이다. 아울러 태평양전쟁 등으로 인한 피해액, 우편저금 같은 체신 관계 채권 등에 관한 내용이 자세하게 들어 있다. 한마디로 계속 문제가 되고 있는 사항들, 그러니까 강제 연행 노무자들이 받지 못한 미수금, 태평양전쟁 중 강제 저축으로 빼앗긴 저금 등 미불 임금 등에 대해서도 당시 피해자 신고, 저금통장, 원부등을 통해 피해액을 상당 부분 집계해 반환을 청구한 것이다. 이런 것들은 1965년 한일협정이 얼마나 졸속으로 이뤄졌는가를 단적으로 보여주고 있다고 이 신문은 보도했다.*

박정희 정부는 이런 명부 문제를 일일이 따지지 않았다. 그런 데 1949년 이때는 자기들이 사용할 수 있는 자료를 최대한 활용해 하나하나 따져서 73억 달러를 요구했던 것이다. 이건 그렇다 치더라도, 장면 정부가 고사카 젠타로 외상이 내한했을 때 6억 달러를 요구했다고 하는데 박정희 정부의 3억 달러는 이것보다도 적다고 이야기하는 사람도 있다.

　　그리고 애버렐 해리먼 미국 국무부 극동 담당 차관보가 1962년 3월 이케다 하야토 수상과 만났을 때 '한 4억 달러를 청구권 금액으로 합의하면 될 것 아니냐', 이렇게 얘기한 것보다도 적다. 같은 해 9월에는 딘 러스크 국무부 장관이 오히라 마사요시 외상을 만나 '무상 공여액을 3억 달러로 하면 결론이 날지 모른다'는 뜻을 전했다. 무상 공여액이라는 건 경제 협력 자금을 말한다. 결국 1962년 9월의 이런 얘기가 1965년까지 계속된 건데, 1962년 9월 이때의 달러 수준이라든가 일본 정부의 지출 능력과 결부해서 보면 1965년에 3억 달러를 받은 것을 결코 많이 받았다고 보기가 어렵다. 미국 측이 본 것보다도 결코 많다고 하기가 어렵다.

　• 배상 요구 조서는 한국 정부가 처음에는 일본에 청구권 방식이 아니라 배상을 요구했음을 보여준다. 당시 보도에 따르면, 이 조서에는 일제 강점기 전 기간 동안 일본이 조선은행을 통해 반출한 금과 은의 양이 기록돼 있다. 일본에 뺏긴 미술품, 골동품, 고서적 등의 현황도 담겨 있다. 반환을 요구하는 근거 자료를 갖췄다는 말이다. 징용 노무자 10만 5,151명과 사망자 1만 2,603명이라는 수치는 1946년 3월 1일부터 7개월 동안 미 군정청 보건후생부가 신고를 받은 인원이다. 이와 관련, 배상 요구 조서에는 "미 군정청이 조사한 징용 노무자 등록자 수는 실제 해당자의 극히 일부분에 불과했으며 1946년 10월 이후 귀국한 동포도 엄청난 인원에 달해 정부가 철저한 재조사를 고려 중이나 예산 관계로 아직 실시하지 못하고 있다"고 돼 있다. 아울러 "인적, 물적 피해에 대해서는 36년 동안 입은 피해의 배상을 요구할 수도 있으나 대일 배상 요구 기본 정신에 입각, 이를 불문에 부치고 다만 중일전쟁과 태평양전쟁 등 직접 전쟁으로 인한 피해만을 조사, 그 배상을 요구한다"는 내용도 있다. 한편 73억 달러는 일제가 반출한 금과 은 등 현물은 제외한 액수다.

점령 기간이 4년도 안 되는
동남아보다도 못한 취급 받은 한국

── 제2차 세계대전 당시 일본은 동남아시아도 침략했다. 1945년 패전 후 일본은 독립한 동남아시아 국가들에 배상한다. 그런데 1965년 한일 국교 정상화 당시 청구권 액수는 일본이 동남아시아 국가들에 배상한 금액과 비교해도 많다고 보기 어렵다. 일본이 강점한 기간(한국 35년, 동남아시아는 4년 미만)과 그 강도의 차이를 생각하면 더욱 그렇다.

일본이 1950년대에 동남아시아 국가들에 지불한 것보다도 한국은 적게 받았다. 그것보다도 더 적다는 점에서도 한국 정부가 많이 받았다고 하기 어렵다. 동남아시아 국가들은 기본적으로 승전국으로 돼 있었기 때문에 배상금을 받았다.

예컨대 버마의 경우 두 차례에 걸쳐 배상금을 받았다. 1954년에 배상금으로 2억 달러, 차관으로 5,000만 달러를 받았다. 1963년에는 1억 4,000만 달러를 추가 배상금으로 받았고 차관으로 3,000만 달러를 받았다. 배상 금액을 합치면 3억 4,000만 달러니까, 준배상에 해당하는 금액으로 3억 달러를 받은 한국보다 배상 금액이 더 많다. 필리핀은 1956년에 5억 5,000만 달러를 배상금으로, 2억 5,000만 달러를 차관으로 받았다. 인도네시아는 1958년에 배상금으로 2억 2,300만 달러를, 차관으로 4억 달러를 받았다.°

이런 것과 비교할 때 한국이 많이 받았다고 보기는 어렵다. 그리고 일본이 이런 나라들에 지불한 시기가 대부분 1950년대였다. 1960년대에는 일본 경제가 훨씬 거대한 규모가 되고 호황이지 않았나. '그런 상황에서 3억 달러밖에 못 받았다', 이렇게 얘기할 수 있겠다.

일본에서 받아낸 보상금마저
온전히 받을 수 없었던 피해자들

— 청구권 자금을 받은 방식과 그 사용처도 논란이다. 한국 정부는 피해자들이 받아야 할 금액을 일본으로부터 일괄 수령하는 방안을 관철했고, 그렇게 받은 금액을 피해자들에게 온전히 전하는 대신 기간 시설 건설 등에 상당 부분 사용했다. 한일 회담 회의록 등을 보면, 박정희 정부가 한일 국교 정상화 이전에 이미 피해자 보상이 아니라 경제 분야에 그 자금을 집중 투입할 계획을 세워두고 있었음을 알 수 있다. 경제 건설이 무엇보다 시급한 문제였다고 항변할 수도 있지만, 피해자들에게 충분한 설명을 하고 동의를 구하지도 않았고 피해자들에게 돌아간 몫이 얼마 되지도 않았다는 점에서 논란이 될 수밖에 없는 사안 아닌가.

우리가 청구권 협정이라고 부르는 이 협정은 다른 점 때문에도, 한국 측이 주장해서 청구권 협정이라는 표현이 억지로 붙은 명

● 동남아시아 국가 중 배상금을 받은 건 버마, 필리핀, 인도네시아, 베트남, 이렇게 네 나라다. 일본은 인도네시아와 협정을 맺을 때 1억 7,000여만 달러의 채권도 포기했다. 베트남은 1959년 3,900만 달러를 받았다. 라오스와 캄보디아는 일본에 대한 배상 청구권을 포기하고 경제 협력 형태로 지원을 받았다.

칭이지 청구권 협정으로 보기 어렵다. 청구권은 강제 연행된 노동자 등 일본으로부터 피해를 본 사람들이 응당 받아야 하는데 받지 못한 것을 요구하는 것을 말한다. 그런데 박정희 정권에서는 구체적으로 그러한 사항을 일본에 요구해 받아낸 다음 그걸 당사자들에게 돌려주려고 한 것이 아니었다. 박정희 정권은 청구권 문제에 대해 처음부터 일괄 타결을 하겠다고 나섰다.

사실 국제 선례에도 맞지 않는 것이기 때문에 일본에서조차 처음에는 '그건 개인별로 사례를 갖고 해야 하는 것이다. 그러니까 한국 정부에서 그렇게 해라', 이렇게 나왔다. 왜냐하면 청구권이라는 건 개인들이 피해나 재산상 손실을 본 것에 대해 보상을 요구하는 것이기 때문이다. 그래서 서독에서 유대인이나 러시아를 비롯한 여러 이웃 나라 사람들에게 보상할 때에도 이런 부분에 대해서는 절대로 국가한테 돈을 안 줬다. 하나하나 개인을 찾아내 개인한테 돈을 주려 했다. 그렇게 해야 하는 것이다.

그렇기 때문에 이 협정은 청구권 협정이라고 보기 어렵다. 김창록 교수 지적대로 일본 정부가 한국인 피해자 개개인에게 지불한 것이 아니지 않나. 그렇기 때문에 일본 정부는 한국인 피해자에게 지불한 것이 없다고 김 교수가 지적한 건 대단히 올바른 지적이다. 이 협정에 경제 협력 자금으로 무상 공여 등을 했다고 쓰여 있는 것도 김 교수 지적이 올바르다는 것을 말해준다. 박정희 정권 또한 개인한테 주려고 생각한 게 아니라 기본적으로 정부에서 이 돈을 쓰려고 생각한 것이다. 그래서 일괄 타결을 요구했고 일본이 조금 있다가 그걸 들어주는 방식으로 처리했다.

그럴 경우 그 개인에 대해 그래도 자료는 제대로 갖추고 있어야 하는 것 아닌가 하는 점을 생각해볼 필요가 있다.

─── 한일 국교 정상화를 밀어붙일 때 박정희 정권은 어떠했나.

예컨대 정부에서 73억 달러 배상을 요구한 1949년 수준의 노력을 5·16쿠데타 직후 군사 정권이나 민정 이양 후의 박정희 정부가 했나? 이런 게 참 문제다. 강제 징용 노무자들의 인적 사항, 사망 혹은 현지에서 부상 여부 등을 어느 정도 조사했나? 이런 걸 제대로 조사했다고 하는 자료를 찾아보기가 어렵다. 또 청구권의 가장 큰 근거가 될 수 있는 부분, 예를 들면 강제 노동에서 미불 임금, 그리고 강제 저축으로 뺏긴 우편 저금 같은 부분에 대해서도 충분히 조사한 게 있나? 일본 정부에 자료를 요구하면서 이런 사항을 구체적으로 조사했어야 하는 것인데, 그 부분에 관해서 문제가 심각하다.●

5·16쿠데타 직후 군사 정권 및 민정 이양 이후 박정희 정부의 청구권에 대한 태도를 보면, 대표적으로 김종필-오히라 메모가 말해주듯이 한일 회담은 사실상 청구권 회담이 돼 버렸다. 돈을 얼마 줄 것인가를 둘러싼 교섭이라고 할까, 흥정이 돼버렸다. 그런데 일본 측으로부터 자금을 더 받아내기 위해서라도 자료 수집 등을 제대로 했어야 하는 것 아닌가. 핵심 중의 핵심 문제가 된 건데, 중앙정보부장이 일본 외상과 일대일로 만나서 막말로 '쇼부' 치는 식으로 처리해서 되는 것인가.

2001년 12월 동아일보 보도를 보면, 징용·징병자 37만여 명의

● 한국 정부의 부실한 대응과 더불어 일본 정부의 비인도적이고 오만한 태도도 문제였다. 일본은 강제 동원 피해자 명단, 그로 인해 희생된 사람들의 숫자 등에 대한 제대로 된 자료를 제시하지 않았다.

명단을 일본 정부에서 넘겨받았으나 우리 정부가 유가족한테 관련 사실을 개별 통보한 사실이 없다고 돼 있다. 물론 명단을 건넨 시기가 1971년에서 1993년까지이기 때문에 1965년 이전은 아니지만, 정부에서 이런 명부를 진작 일본 측에 요구해가지고 처리했어야 하는 것 아닌가.●

하여튼 이 청구권 자금은 개인들이 피해를 본 것, 재산상 손실을 입은 것에 대해 일본으로부터 받은 것이기 때문에 정부에서 그런 개인들에게 보상을 해줬어야 하는데 그게 제대로 이뤄지지 않았다. 그래서 문제가 되니까 1970년대에 부분적으로 보상을 하기도 한다. 그런 부분적인 보상이 없었던 건 아니지만, 전반적으로 문제가 많다고 볼 수밖에 없다.●●

● 동아일보 보도에 따르면 일본 정부는 1971년 10월, 1991년 3월, 1992년 12월, 1993년 10월에 군인·군속 전사자 명단, 생사 구분이 없는 단순 징용·징병자 명단 등 모두 37만 3,602명의 명단을 한국 정부에 건넸다. 정부에서 이를 제대로 알려주지 않은 탓에, 강제 징병돼 숨진 부친의 제사를 수십 년간 엉뚱한 날에 모시는 일도 있었다.

●● 1975~1977년 정부는 사망자 8,552명에게 30만 원씩을 지급하고, 7만 4,967명에게 1엔당 30원을 기준으로 재산 보상을 실시했다. 이들에게 총 91억여 원을 지급하는 선에서 개인 보상을 마무리했다. 이에 대해 1990년 8월 14일 자 동아일보는 이렇게 보도했다. "(청구권) 협정과 그에 따른 국내법은 터무니없이 축소·조작돼 군인·군속 사망자 2만 1,919명만을 보상 대상으로 삼았다. 부상자나 그 부상으로 사망한 직접적인 피해자들까지도 보상 대상에서 제외했다. 또 보상 대상 기간을 1945년 8월 15일 이전으로 한정함으로써 한국인 전범과 미귀환 군인·군속, '정신대' 등에 대한 보상도 외면했다. 한국 정부는 이 협정에 따라 1975년 보상 대상 사망자 2만 1,919명 중 까다로운 신고 절차를 마친 9,000명에게만 1인당 30만 원씩의 보상금을 지급했다. 그로써 끝이었다."

'위안부', 피폭자, 사할린 징용자…
한일 국교 정상화 과정에서 버림받은 사람들

— "청구권에 관한 문제가 …… 완전히 그리고 최종적으로 해결된 것이 된다는 것을 확인한다"는 문구는 두고두고 피해자들의 발목을 잡았다. 이와 관련해 하나 더 생각할 문제는 한일 국교 정상화 과정에서 배제된 사람들이다. 대표적으로 일본군 '위안부' 피해자, 원폭 피해자, 사할린으로 끌려갔다가 그곳이 옛 소련 땅이 되면서 돌아올 길이 막막해진 이들의 문제는 한일 회담 과정에서 논의되지도 않았다. 이렇게 버림받은 사람들의 문제는 한일 국교 정상화의 성격을 잘 보여준다.

한국에는 청구권 협정으로 알려져 있는데 청구권과 관련해 구체적인 이야기가 들어 있지 않은 희한한 협정이라고 앞에서 이야기했다. 또 하나의 큰 문제는 이 협정으로 청구권에 관한 문제가 완전히 그리고 최종적으로 해결된 것이 된다고 해버린 것이다. 그런데 모든 당사자의 권리가, 그러니까 개인의 피해까지 이것으로 영구히 소멸하는 건가?

예컨대 일본군 '위안부'처럼 나중에 가서 문제가 되는 사람들이 있다. 이 사람들은 한일 회담 전 과정에서 아예 얘기가 된 바가 없다. 피해 보상을 해준다든가 하는 이야기가 전혀 없었다. 이런 것에 대해 피해 보상을 해줘야 한다고 노무현 정부에서 한때 들고나오자 일본 쪽에서 말도 안 되는 이야기라며 딱 윽박지르는 일도 있었다.●●●

하여튼 이렇게 권리가 영구히 소멸됐다고 해가지고 개인이 본 피해까지 보상을 요구할 수 없는 것으로 일본 재판소에서 계속 판결이 나온다. 물론 하급심에서는 아주 드물게 승소하는 경우도 있지만, 최고재판소에서는 예외 없이 이 청구권 협정에 근거를 두고 '안 된다'는 판결을 내렸다.

그러다가 우리 대법원에서 2012년 5월 24일에 1965년 청구권 협정으로 개인 청구권까지 소멸된 건 아니라고 판결했다. 강제 징용 피해자들이 일본 기업인 미쓰비시중공업과 신일본제철에 손해배상을 청구할 수 있다며 하급심으로 돌려보냈다. 이 문제가 앞으

●●● 2005년 3·1절 기념사에서 노무현 대통령은 "강제 징용에서 일본군 '위안부' 문제에 이르기까지 일제 36년 동안 수천, 수만 배의 고통을 당한 우리 국민의 분노를 이해해야 할 것"이라며 일본의 배상 책임 문제를 이야기했다. 이에 대해 일본 정치권은 '한국 국내 정치용 발언'으로 몰아가거나 "청구권 협정으로 이미 끝난 문제", "언제까지 사죄를 요구할 건가"라는 식의 반응을 보였다.
한편 청구권 협정의 대표적인 독소 조항 중 하나인 '최종적 해결'은 한일협정 체결 후 50년이 지난 2015년 또다시 등장한다. 2015년 12월 28일 한일 양국 정부는 '위안부' 문제에 합의했다고 전격적으로 발표했다. 그러나 그 내용과 과정은 '위안부' 피해자들 및 관련 단체 사람들은 말할 것도 없고 수많은 일반 시민들을 분노케 하기에 충분했다. 그 이유를 몇 가지만 살펴보면, 우선 "군의 관여", "일본 정부는 책임을 통감한다"는 문구가 담기긴 했지만 일본 정부 및 군이 조직적으로 자행한 국가 범죄, 전쟁 범죄임을 분명히 인정하고 법적인 책임을 명확히 진다는 내용은 어디에도 없었다. 그러한 점에서 피해자들에게 또다시 고통을 강요하는 내용이었음에도, 박근혜 정권은 피해자들과 사전에 상의하지도, 그들의 동의를 구하지도 않은 채 아베 신조 정권과 손을 맞잡고 일방적으로 최종 합의라고 선언했다. 더욱이 여기에는 "최종적 및 불가역적으로 해결됐음을 확인한다", "국제 사회에서 이번 문제에 대해 상호 비판을 자제한다"는 치명적인 독소 조항과 함께 소녀상 문제에 관한 이면 합의 의혹을 불러일으키기에 충분한 문구도 담겨 있었다.
이처럼 이른바 '최종 합의안'이라는 것으로 발표된 것은 양국 정부의 낯 뜨거운 자화자찬과 달리 '위안부' 문제의 진실과도, 수십 년간 피맺힌 노력을 해온 피해자들의 바람과도, 역사의 정의와도, 미래 지향적인 한일 관계를 위한 조치와도 거리가 멀어도 한참 멀었다. 더 정확히 말하면 그러한 것들을 치명적으로 손상시키고 짓밟는 야합이었다. 소위 '최종 합의안' 발표 후에도 일본에서는 전쟁 범죄를 부정하며 '위안부' 피해자들을 매도하는 행태가 전혀 사라지지 않았고, '위안부' 피해자들은 이 문제를 해결하기 위해 여전히 거리에 서야 했으며, 뜻있는 시민들은 소녀상을 지키기 위해 한겨울에도 한뎃잠을 자야 했던 데서도 이 점은 분명하게 드러난다.

1944년 8월 14일 버마 미치나에서 미군의 심문을 받는 한국인 '위안부'의 모습. '위안부' 문제는 한일 회담 전 과정에서 거론조차 되지 않았다..

로 어떻게 마무리될지, 계속 재판을 연기하는 방법으로 시간을 끌며 일본과 야합하는 태도를 보여줄지 귀추가 주목된다.

'독도 폭파' 박정희, 애물단지로 전락한 독도
결론은 귀에 걸면 귀걸이, 코에 걸면 코걸이

── 한일 국교 정상화와 관련해 빼놓을 수 없는 것 중 하나가 독도 문제다. 2012년 대선에서도 이 문제가 논란이 되지 않았나.

독도 문제와 관련해 2012년 선거 운동이 한창일 때 박정희 대통령의 독도 폭파 발언 진위가 화제가 됐다. 그해 8월, 야당의 문재인 후보가 박 전 대통령의 독도 폭파 발언을 소개하면서 역사의식 결여를 비판했다. 그러자 박근혜 후보 쪽에서 반박하고 나섰다. "문 후보는 명백한 허위 사실 유포와 거짓말에 대해 해명하고 사과해야 할 것이다"라고 박 후보 캠프 조윤선 대변인이 보도 자료를 통해 주장했다. "외교 문서에 따르면 이 발언은 일본 쪽에서 한 것으로 돼 있다"고 하면서 그렇게 얘기하지 않았나. 그러니까 문 후보 쪽이 2004년에 공개돼 국내 언론에도 소개된 미국 국립문서보관소 소장 국무부 대화 비망록을 근거로 역공을 폈다.

박정희 대통령은 한일 수교 한 달 전인 1965년 5월 워싱턴을 방문했을 때 딘 러스크 미국 국무부 장관과 여러 문제를 논의했다. 5월 27일 딘 러스크 국무부 장관과 만나 "수교 협상에서 비록 작은 것이지만 짜증스런 문제 가운데 하나가 독도 문제다. …… 그 문제를 해결하기 위해 그 섬을 폭파해 없애버리고 싶다"고 언명했다. 김종필도 이런 식의 발언을 한 적이 있는데, 어떻게 영토 문제에 대해 그런 발언을 할 수 있느냐는 이야기가 나오고 그러지 않았나. 김종필 중앙정보부장은 1962년 11월 오히라 마사요시 외상을 만나고 나서 기자들에게 "농담으로는 '독도에서 금이 나오는 것도 아니고 갈매기 똥도 없으니 폭파해버리자'고 말한 일이 있다"고 이야기했다. 이런 발언들을 볼 때 국민들이 독도 문제에 대한 박정희 정권의 태도에 대해 의아심을 갖는 것은 당연했다.

1996년 이 발언이 논란이 되자 김종필은 일본 측이 독도를 자신들 땅이라고 우기기에 '너희에게 줄 수는 없다'는 뜻에서 폭파 발언을 했다고 해명했다. 한편 2012년 대선 당시 박근혜 후보 측은 1962년 9월 한일 회담 과정에서 이세키 유지로 일본 외무성 국장이 '독도 폭발' 발언을 한 것을 반박 근거로 제시했다. 그러나 일본 측이 그런 문제 발언을 했다고 해서 박정희 전 대통령의 '독도 폭파' 발언이 사라지는 것은 아니다.

— 국교 정상화 과정에서 한일 양국은 독도 문제를 어떤 식으로 다뤘나.

독도 문제는 공식 회의에서는 거론하지 않도록 하자는, 그러니까 서로 여러 차례 거론했으면서도 '공식 회의에서 이 부분은 거론하지 말자'는 이상하고 묘한 양해가 돼 있었다. 그래서 공식 회의에서는 그렇게 심한 논쟁을 겪지 않았다.

몇 년 전 밝혀진 것이지만 독도 밀약이라는 게 있었다고 한다. 이것은 비공식 라인을 통해 한국 측과 일본 측이 합의한 것이다. 1965년 1월 13일 김종필의 형인 김종락이 박정희 대통령한테 재가를 받았다고 돼 있다. 김종락은 한일은행 상무로 여기에서 중요한 역할을 했다고 한다. 이 문서는 중요한 걸 시사하고 있다. 이 문서에는 이렇게 돼 있었다고 한다. "독도·다케시마 문제는 해결해야 한다는 것으로써 해결한 것으로 간주한다. 따라서 조약에서는 언급하지 않는다." 그러면서 첫 번째로 "양국이 자국의 영토라고 주장하는 것을 인정하며 동시에 그것에 반론하는 것에 이론이 없다", 이런 식으로 돼 있었다고 나온다. 그렇지만 이 문서는 지금 남아 있지 않을 뿐만 아니라, 이 문서가 어떤 식으로 효력을 발휘했다고 구체적으로 이야기하기가 쉽지 않게 돼 있다.°°

그런데 독도 문제는 막판에 와서 문제가 됐다. 한일협정이 조인되는 1965년 6월 22일 새벽까지 논란이 됐다가 가까스로 합의를

°° 노 다니엘이 지은 《독도 밀약》에 따르면, 이 밀약의 2~4번 조항은 다음과 같았다고 한다. "그러나 장래 어업 구역을 설정할 경우, 쌍방 모두 독도·다케시마를 자국령으로 해 선을 긋고, 중복되는 부분은 공동 수역으로 한다." "한국은 현 상태를 유지하며, 경비원의 증원과 시설의 신설·증설을 하지 않는다." "이 합의는 이후로도 계승해간다."

본 것으로 돼 있다. 그런데 이 합의라는 게 정말 합의에 해당하는 것일까. 지난번에 언급한 한일기본조약처럼 애매하게 돼 있다. 이 동원 장관과 사토 에이사쿠 수상의 회담에서 6월 22일 최종 타협이 이뤄졌다고 하는데, 박정희 정권은 독도라는 말을 명시하지 않을 수 있어 크게 '다행'이었고 그 대신 일본이 요구한 "(독도 문제에 대한) 양국 간의 분쟁"을 수용했으며 일본은 또 한국이 요구한 "조정"이라는 문구를 받아들였다. 한일 정부가 각자 유리한 대로 설명할 수가 있는 것이다. 한일협정 조인을 앞두고 교환 공문에 독도 문제를 포함시키느냐를 두고 다툼이 있었던 것인데, 이런 식으로 타협을 본 것이다. 이동원의 표현대로 귀에 걸면 귀걸이, 코에 걸면 코걸이 식이었다.

교환 공문은 어떻게 돼 있느냐 하면 "양국 정부는 별도의 합의가 있는 경우를 제외하고 양국 간의 분쟁은 우선 외교상의 경로를 통해 해결하도록 하며 이것으로 해결할 수 없는 경우는 양국 정부가 합의하는 절차에 따라 조정에 의해 해결을 도모한다", 이렇게 돼 있다. 여기서 "양국 간의 분쟁"이란 다름 아닌 독도 '분쟁'을 가리킨다. "조정"이 무엇을 가리키는지 애매하기 짝이 없다. 이걸 놓고 한국 정부와 일본 정부가 서로 해석을 달리하고 있다.

이 문서를 곰곰이 해석해보면 독도 밀약이 사실일 것이라는 생각이 든다. 박정희·김종필의 독도 폭파 발언, 독도 문제에 대한 교환 공문, 독도 밀약설을 보면 한일 회담, 그리고 한일협정 체결 시기에 숱하게 나온 "독도를 팔아먹었다", "매국 행위"라는 주장이, '매국'이라는 비판은 평화선 문제에서 더 많이 나왔지만, 설득력을 얻을 수 있다는 점을 생각하지 않을 수 없다.

무장 군인, 학원 난입해 폭거 자행
위수령 선포에도 터져 나온 "비준 무효"

한일 회담·한일협정, 열두 번째 마당

하루 차이로 통과된
베트남 전투병 파견안과 한일협정 비준안

김덕련 박정희 정권은 각계의 비판을 힘으로 누르고 1965년 8월 한일협정 비준 동의안을 국회에서 통과시킨다. 이때 한일협정 비준 동의안과 하루 차이로 베트남전쟁 전투병 파견 동의안이 통과된 것은 여러모로 의미심장하다. 두 사안 모두 미국의 세계 전략과 뗄 수 없는 관계를 맺고 있지 않았나.

서중석 한일협정 비준 반대 운동이 각계에서 치열하게 벌어졌다고 지난번에 이야기했다. 보수적인 세력, 군 장성까지도 놀라울 정도로 그런 태도를 보였다.

그런 가운데 1965년 7월 14일 밤 국회 본회의장에서 한일협정 비준안의 국회 본회의 보고 여부를 둘러싸고 여야가 1958년 '24파동' 후 최악의 집단 격투를 전개했다고 언론은 보도했다. 이날 민주공화당은 이 소란을 틈타 단상을 선점, 바리케이드를 쳐 야당 의원들의 등단을 실력으로 저지하고 기습 작전으로 한일협정 비준 동의안과 월남 파병 동의안을 불과 2분 만에 보고, 발의했다.

이 시기에 야당인 민중당에서는 계속 강경파와 온건파가 대립했다. 그런 속에서 7월 23일 민중당 중진인 김도연, 김준연, 서민호, 정일형 등 10명은 당 해체를 요구했다. 그래야 한일협정 비준 저지를 위한 국회의원 총사퇴가 제대로 되는 것이라고 주장했다. 그런 주장이 나오면서 윤보선이 7월 28일 탈당계를 냈다. 8월 9일 민중당은 소속 의원 62명 중 58명의 의원직 사퇴서를 제출했다. 이날 윤보선, 김도연, 서민호, 정일형 의원은 탈당 통고서를 제출해 의원직을 상실하게 됐다. 8월 12일에도 의원 14명이 탈당계를 제출했다. 그러나 다른 의원들은 일부만 나중에 탈당하게 된다. 이처럼 민중당에서는 강경하게 투쟁해야 한다는 주장과 온건론이 계속 맞섰다.● 그런 상황에서 민주공화당이 결국 단독으로 8월 13일에는 베트남전쟁 전투병 파견 동의안을, 14일에는 한일협정 비준 동의안을 국회 본회의에서 통과시켰다.

베트남 파병에 대해서는 나중에 경제 문제와 관련해 자세히 얘기할 것이니, 여기서는 한두 마디만 하고 넘어가자. 미국은 1964년 8월 통킹만 사건을 계기로 북베트남 폭격을 하게 된다. 바로 그며칠 전(1964년 7월 30일) 국회 외무·국방위원회에서 이동 외과 병원 130명과 태권도 교관 10명의 해외 파견 동의안이 통과되면서 미국의 적극적인 베트남전 개입에 한국 정부도 공조하는 모습을 보였다. 그 후 규모가 더 커지는데, 1965년 5월이 되면 전투 부대 파병을 미국이 한국 측에 요구했다.●● 그와 함께 미국이 북폭을 넘어 지상군을 본격적으로 보내겠다는 쪽으로 가면서 월남전이 전면적으로 확대된다. 1965년 8월 13일에 1개 사단에 해당되는 병력을 파견하는 동의안이 통과돼 그해 파병된다.

● 공화당이 한일협정 비준 동의안을 베트남전쟁 전투병 파견 동의안과 함께 날치기로 발의한 직후 민중당에서는 탈당과 당 해체로 맞서야 한다고 주장하는 강경파와 이에 부정적인 온건파의 갈등이 고조됐다. 탈당과 당 해체는 곧 국회의원직 사퇴를 뜻했다. 이 당시 헌법에는 국회의원이 당적을 바꾸거나 소속 정당이 해산되면 국회의원직을 잃도록 규정돼 있었기 때문이다. 민중당 강경파 의원들은 의원직 사퇴서와 더불어 탈당계를 냈지만 온건파 의원들은 사퇴서만 냈을 뿐 탈당에는 반대했다.

●● 1965년 5월 박정희 대통령은 미국을 방문해 린든 존슨 대통령과 정상 회담을 했다. 이때 핵심 의제 중 하나가 베트남전쟁 전투병 파견 문제였다. 이에 앞서 1965년 1월, 공병대 등을 비롯한 비전투 병력 파견 동의안이 국회를 통과했다. 비둘기부대로 불린 이 부대는 그해 2월 베트남 땅을 밟는다.

1965년 7월 15일 자 동아일보. 1965년 7월 14일 밤 국회 본회의장에서 한일협정 비준안의 국회 본회의 보고 여부를 둘러싸고 여야가 최악의 집단 격투를 전개했다고 보도하고 있다. "'스테미나' 좋은 공화당의 '날치기'에 중과부적의 야당은 돌격의 육박전"이라는 글귀가 눈에 띈다.

지금까지는 사람들이 8월 14일에 있었던 한일협정 비준 동의안 통과에 비해 월남 파병 동의안 통과를 간과하는 경향이 있었다. 별로 주목하지 않았는데, 이것도 아주 중요하다. 월남에 전투 부대를 파견한다는 것은 한일협정 비준과 함께 한미일 안보·경제 체제가 본격적으로 등장하게 되고 그와 동시에 한국과 미국의 밀월이 최고조에 이르게 됐다는 걸 얘기한다. 다른 한편으로 이런 남방 삼각 체제에 비해 북방 삼각 체제는 굉장히 다른 모습을 보였다.

── 북방 삼각 체제 상황은 어떠했나.

이미 1950년대 말부터 중국과 소련 사이에 심각한 이념 분쟁

1965년 8월 14일 공화당과 일부 무소속 국회의원들이 한일협정 비준 동의안에 대한 단독 심의를 강행하고 표결을 거쳐 통과시켰다. 사진 출처: 국가기록원

이 있었다. 그러면서 북한과 관련된 소련, 중국의 삼각 체제가 전면적으로 흔들리는 모습을 보였다. 남쪽의 삼각 체제가 안보·경제로 강력한 토대를 구축하게 되니까 북한은 이에 상응해 군비를 대폭 증강한다. 그러면서 이효순 같은 온건파가 물러나고 강경파가 득세하는 것을 볼 수 있다. 1968년에는 1·21 청와대 기습 사건과 푸에블로호 사건이 연달아 일어나고, 그해 가을이 되면 울진·삼척 무장 게릴라 사건이 일어난다. 북한에서는 이것을 남측의 월남전 파병에 대응하는 제2전선이라는 식으로 주장하기도 했다. 어쨌건 8월 13일 월남 전투병 파견 동의안 통과는 북한에 대해 우리가 생각하는 것보다 훨씬 더, 8월 14일 한일협정 비준 동의안 통과와 함께 충격이나 영향을 줄 수 있었다는 것을 더 짚어볼 필요가 있다.

그와 함께 일본에서 반대가 아주 치열했는데, 일본에서 전개된 1965년 한일협정 반대라고 할까, 한일 국교 정상화 반대에는 베트남 문제가 거의 항상 끼어 있다시피 했다. 그런데 월남 전투병 파견 동의안 통과로 베트남 문제가 더 강하게 부각되고, 파병 동의안 통과를 한일 회담 반대 논리와 연결해 더 강도 높게 얘기하는 걸 볼수 있다.

들불처럼 일어난 비준 무효화 투쟁, 위수령으로 다시 군대 동원한 박정희

── 이승만 정권은 1950년대에 인도차이나 파병 의사를 밝혔다. 박정희는 1961년 11월 최고회의 의장으로서 존 F. 케네디 대통령을 만났을 때 베트남 파병을 제안했다. 이때까지는 미국이 베트남에 전면 개입하지 않았기 때문에 파병 제안은 실현되지 않았다. 그러나 그 후 미국이 베트남전쟁에 깊숙이 개입하면서 한국군 파병이 이뤄지게 된다.

이 과정에서 박정희 대통령이 심복이던 차지철을 불러 파병 반대론을 펴라고 지시하는 웃지 못할 일도 벌어진다. 언론이나 야당에서 강하게 반대해야 한국 정부가 미국을 상대로 파병 조건을 교섭하는 데 유리한데, 상황이 그렇지 않았기 때문이다. "38선의 연장이 월남이고 동남아이므로 파병에 찬성한다"(민중당 조윤형 의원)는 식의 주장을 하며 파병에 동의하는 야당 의원들도 있었고, "자유 십자군"이라는 표현까지 쓰는 언론도 있었다. 이런 상황에서 차지철은 "월남 특권층 자식들은 대부분 외국으로 도망가 있는 마당에 우리 청년들이 그들 대신 죽음 앞에 나서는 것은 말이 안 된다"고 주장하며 청와대의 특명을 나름대로 충실히 이행한다.

눈여겨볼 대목 중 하나는, 이때를 시작으로 1970년대까지 32만여 명의 군인을 베트남전쟁에 보낸 한국에서 정작 베트남전쟁 자체에 대한 반대 목소리를 찾아보기 어려웠다는 점이다. 일각에서 제기한 파병 반대론 혹은 신중론은 대개 '한반도 안보에 문제가 생길 수 있다'거나 '실익이 많지 않을 것'이라는 식이었다. 베트남전쟁의 문제점을 지적하며 일어난 반전 운동이 세계를 뒤덮던 1960년대 후반, 한국에선 반전 운동 대신 추가 파병이 이뤄지고 그에 더해 국민들에 대한 통제를 더 강화하는 일련의 조치를 취한다. 한국사의 시간과 세계사의 시간의 차이를 느끼게 하는 대목이다. 다시 돌아오면, 한일협정 비준 동의안 통과 후 국내 상황은 어떠했나.

학생들의 방학을 이용해 여당 단독으로 비준 동의안을 통과시키지 않았나. 개학을 하자 이것을 무효화하기 위한 시위가 대학가에서 바로 일어났다. 이때는 요즘보다 대학가 개강이 빨랐다. 내가 대학 다닐 때도 8월 20일 전후에 개학했던 것으로 기억한다. 8월 17일 서울대 법대생들이 한일협정 비준 무효화 선언식을 하고 그다음 날에는 규탄 대회를 열었다. 그러면서 20일부터 시위가 격렬해졌다. 이날 서울에서는 경기대와 경희대 학생 2,000여 명이, 부산에서는 동아대 학생 2,000여 명이 시위에 나섰다. 21일에는 서울대 문리대·법대, 연세대, 한양대, 동국대, 고려대 학생들이 시위를 벌였다. 8월 23일, 이때는 대학들이 다 개강했을 때인데, 전국 14개 대학과 오산고 등에서 1만여 학생들이 한일협정 비준 무효화를 외치며 거리로 쏟아져 나왔다. 그러면서 시위가 점점 더 격화됐다. 연세대 학생들은 "나라 팔고 축배 드는 매국 정권 물러가라"고 외치며 시위에 나섰다. 이날 서대문 로터리와 신촌 로터리에서는 방독면에 집총한 무장 군인 400여 명이 트럭을 타고 돌았다. 학생 시위대를 위협하는 시위였다.

정부는 어느 때보다도 강경한 태도를 이 시기에 보여줬다. 학생들의 반미 구호 같은 걸 크게 문제 삼고 그랬다.° 이렇게 박정희 정부가 강경하게 나왔지만, 8월 24일과 25일에 각각 1만여 명의 학생이 다시 시위에 나섰다. 그런데 8월 23일 신촌 로터리 등지에서 위압적 시위를 벌였던 군인이 24일에는 더 많이 나타났다. 전날처럼 무장한 군인들이 24일 신설동과 종로 일대에서 위압적인 시위를 했다. 연세대 학생들의 시위 현장에는 방독면에 카빈총까지 든 무장 군인 700여 명이 나타나 신촌 고개턱에서 충정로 3가까지 연막탄과 최루탄을 쐈다. 있을 수 없는, 있어서는 안 되는 사태가 벌어지고 있었다.

25일에는 군인들이 시위 진압에 본격적으로 투입됐다. 이날 고려대에 난입한 수도경비사령부 소속 무장 군인 500여 명은 시위 가담 여부도 묻지 않고 학생들을 마구 구타하고 잡아갔다. 군인들은 고려대 신문사 문짝을 부수고 실험실, 도서관 기물을 파괴했

이 시기 시위대의 핵심 구호는 "한일협정 비준 무효화", "매국 국회 해산"이었다. 그런 가운데, 소수이지만 일부에서 미국을 비판하는 구호도 나왔다. 8월 23일 전남대생 시위에서 나온 "한일협정 체결 주범은 미국", "우리는 월남 사태에 양키들의 총알 방패가 될 수 없다"가 그것이다. 정부는 전남대생들의 구호와 함께, 같은 날 연세대생들이 외친 정권 타도 구호를 문제 삼았다. 박정희 정권 타도 구호는 1964년 6·3운동 후 잦아들었다가, 1년여가 지난 이때 다시 나왔다.

다. 자유 열람실 문짝을 부수고 그 안에 최루탄을 쐈고, 구내식당에 들어가서는 식사 중인 학생들을 야전용 곡괭이 자루로 후려갈겼다. 무장 군인들은 시위 중인 고려대생들을 카빈총 개머리판으로 때리고 구둣발로 마구 짓이겼다. 그러자 여성들도 참다못해 군인들에게 욕설을 퍼붓고 돌을 던졌다. 이런 일이 벌어지는 동안 경찰은 보이지 않았다.

불법, 무법의 조직적 폭력이 난무한 사태였고 권력자가 지시하거나 양해하지 않으면 일어날 수 없는 사태였다. 미국 또한 침묵하면서 양해했다.°°

—— 그 정도로 캠퍼스가 짓밟혔는데 가만히 있을 수는 없었을 터이다. 고려대 쪽에서는 어떻게 대응했나.

즉각 고려대 교수들이 "일제 때도 이런 일이 일어난 적이 없었다"고 하면서 학원 난입을 규탄하고 정부의 공개 사과, 책임자 처벌을 요구했다. 고려대 교수들은 8월 25일 오후 4시 전체 교수회의에

°° 난입 사건 다음 날인 1965년 8월 26일 경향신문은 목격자들의 증언을 게재했다. 당시 상황을 생생히 전한 이들의 이야기 중 몇 대목을 옮긴다. "무장 군인들이 이학부 정문과 2층 연구실 방문을 모조리 부쉈다. 학생들 뒷머리를 쳐서 피가 줄줄 흐르는 것을 때리면서 끌고 갔다."(이학부 대학원생) "군인들이 본관의 각 방을 뒤졌다. 303 강의실에서는 독일어 시험을 보고 있었는데 거기까지 침입, 시험 보는 학생을 끌어냈다. 시험 감독에 들어갔던 여러 교수들이 개탄에 못 이겨 울어버렸다."(법대생) "군인들이 개머리판으로 도서관 출입문에 구멍을 내고 그리로 최루탄 5발을 터뜨렸다. 열람실에 있던 남학생들이 창문을 깨고 2층에서 뛰어내렸다. 군인들은 뛰어내린 학생들을 곡괭이 자루로 때리고, 엎어지자 군홧발로 짓이겼다."(사학과 학생) "선배 언니가 블라우스를 찢기면서 열람실 계단에서 굴러떨어졌다. 군인들이 때리고 발길질을 하면서 입에 담지 못할 욕을 했다. 데려가더라도 때리지 말고 데려가라고 울부짖던 여학생들이 맞았다. 여학생들의 아우성이 통곡으로 변하자 군인들은 3발의 최루탄을 여학생관 바로 앞에 던졌다."(행정학과 학생)

1965년 8월 25일 자 동아일보. 500여 명의 무장 군인이 고려대에 난입해 곡괭이로 유리창을 박살내고, 도서 열람실에 최루탄을 던지고, 학생들을 마구 때리며 수십 명을 연행해갔다고 보도하고 있다.

서 항의문과 결의문을 채택했는데, 이런 내용이다. "해방 후 20년간은 물론 악랄한 일제하에서도 관헌이 학원에 대하여 이같이 잔학한 폭거를 자행한 것을 우리는 견문하지 못하였으며 전 세계 대학의 역사에 있어서 대학의 권위와 질서가 총검의 공포 아래 이와 같이 유린된 전례를 우리는 찾기 힘든 바이다."

무장 군대가 대거 난입해 백주에 공공장소에서 불법, 무법의 폭력을 자행했고 그것이 누구 지시에 의한 것인지 뻔히 들여다보였다. 그렇지만 야당도, 언론도 무력한 상황에서 시민들은 분노에 치를 떨 뿐이었다.

이날 저녁 박정희 대통령은 국무위원과 서울 시내 각 대학 총·학장, 군 수뇌부를 배석시킨 가운데 전국 방송망을 통해 대국민

1965년 8월 26일 자 경향신문. 무장 군인과 경찰들의 무차별 폭행을 목격한 학생들의 증언을 게재했다.

특별 담화를 발표하고 야당과 교수, 학생들을 격렬하게 비난했다. 그러면서 "사회 공공질서를 파괴하는 데모 행위를 본직으로 알고 있는 일부 정치 학생의 버릇을 근절"하겠다고 강하게 이야기했다. 학교를 폐쇄하는 한이 있더라도 학생 시위를 뿌리 뽑겠다고 이야기한 것이다.

　　같은 날(8월 25일) 예비역 장성들, 그러니까 7월 14일에 한일협정 비준 반대 성명을 냈던 김홍일, 박병권, 송요찬, 최경록, 김재춘 등 11명도 한일협정 비준 무효화 투쟁에 관한 성명서를 발표했다. 이들은 조인된 협정 내용은 매국적인 것이었고, 그것의 비준을 반대하는 국민의 충정을 강권의 '힘'을 앞세운 정권이 폭압하고 있다고 비판했다. 그리고 야당이나 학생의 '버릇'을 기어이 고치겠다는

1965년 8월 26일 자 동아일보에 실린 사진.
신문에는 "고대생 데모 저지에 출동하는 무장
군인들… 전부 방독 '마스크'를 썼다"고 적혀 있다.

한일 회담·한일협정

공언은 전체주의적인 통치 의식에서 연유한 것이라고 박정희 특별 담화를 직접 겨냥해 비판했다.

— 특별 담화 발표 후 박정희는 어떤 조치를 취했나.

그 직후인 26일 서울시 일원에 위수령을 선포했다. 6사단 병력이 다시 들어왔다. 사단장은 김재규였는데, 6사단은 1964년 계엄을 선포했을 때에도 수도경비사령부 병력과 함께 서울에 들어왔던 부대다. 박 대통령이 가장 믿는 사람의 군대가 배치된 것이다. 김성은 국방부 장관은 "병력 동원은 유엔군 사령관과도 협의한 결과"라고 밝혔다.

위수령 선포 후 적법 여부가 논란이 됐다. 야당인 민중당은 "위수령 발동으로 서울은 공포 분위기에 휩쓸렸으며, 군대의 난동으로 치안은 오히려 악화되고 있다"고 비난하면서 위수령을 즉각 철회할 것을 요구했다. 신체의 자유를 제한하는 것은 법률에 의하도록 돼 있는데, 1950년 3월 대통령령으로 제정한 위수령으로 어떻게 그런 효과를 낼 수 있느냐는 논리였다. 이때 나는 고교 2학년이었는데, 등교하려고 광화문 일대를 지날 때 무장 군인들이 일정한 간격으로 도열해 있던 모습이 지금도 눈에 선하다.

군의 정치적 중립 호소한 예비역 장성들, 즉각 구속으로 응답한 청와대

— 그러했던 박정희 대통령과 김재규가 14년 후인 1979년에는

10·26이 발생하는 관계로 변하는 것도 흥미로운 대목이다. 어쨌건 위수령 선포 후 상황은 어떠했나.

위수령이 선포됐는데도 학생 시위는 그치지 않고 계속 일어났다. 8월 26일에도 6개 대학 학생 8,000여 명과 2개 고교 학생들이 한일협정 비준 무효를 외치며 가두시위를 했다. 고려대에서는 학생 2,000여 명과 교수 60여 명이 무장 군인의 학원 난입·난동 규탄 대회를 열었다.

그러나 군인들은 25일에 이어 26일에도 고려대에 난입해 폭력을 휘둘렀다. 이날(26일) 연세대에도 군인들이 시위 학생을 쫓아 난입해 학생들에게 폭력을 휘둘렀다. 대학가가 군홧발에 짓밟히는 일이 거듭되자 '학원 방위', 즉 군인들로부터 학원을 지켜내야 한다는 것이 학생들의 주요 구호 중 하나로 등장하는 일이 생겼다. 한편 이날 고려대와 연세대 주변에서 학생 시위 상황과 군인들의 저지 현장을 취재하던 기자 8명이, 이 중 1명은 일본인 기자였는데, 군인들한테 카메라와 필름을 뺏기거나 파손당하고 심지어 삽자루와 곡괭이 자루로 폭행을 당하는 일도 발생했다.

26일 저녁 박정희는 다시 강경 조치를 취했다. 학생 시위가 가라앉지 않을 경우 시위 주동 학생 색출·처벌, 교직자에게 책임 추궁, 휴교, 총·학장의 해임 또는 승인 취소와 학교 재단 취소 또는 폐교 등 4단계 행정 조치를 취하라는 초강경 지시를 내렸다. 유신 체제에서 발동한 긴급 조치를 방불케 하는 지시였는데, 이러한 행위가 법적으로 가능하냐는 중요한 것 같지 않았다. 윤천주 문교부 장관도 이날 밤 이른바 '데모 선동 교수' 명단을 제출하라고 각 대학 총·학장에게 지시했다. 바야흐로 처벌의 칼바람이 캠퍼스에 불어닥치고 있었다.

그렇지만 위수령 선포 다음 날인 27일에도 학생 시위는 계속
됐다. 고려대, 서울대, 건국대, 중앙대, 성균관대, 한양대, 경희대 등
서울 각 대학의 대표자들은 고려대에 모여 '학원 방위 학생 총궐기
대회'를 열었다. 그러면서 서울대 등 각 대학에서 학원 방위단이 만
들어지게 된다. 또한 이날 이화여대에서는 4,000여 명이, 그리고 연
세대와 숙명여대, 성균관대, 동양의대, 서울대 사범대 등에서도 학
생들이 규탄 대회 등을 열었다. 아울러 서울대 신태환 총장은, 이
사람은 이날 면직을 당했는데, 정부가 대학의 자율성을 침해해서는
안 된다고 역설했다.

28일 서울의 대학들은 대부분 휴교에 들어갔다. 그런데 이 시
기에 예비역 장성 11명이 우리 역사에서 참으로 잊기 어려운 발표
를 한다.

—— 어떤 발표를 했나.

위수령이 선포되자 김홍일, 박병권 등 예비역 장성 11명은 8월
27일 오전 '국군 장병에게 보내는 호소문'을 발표했다. 이들은 "어
떠한 어려운 상황에서도 애국하는 국민에게 총을 겨누기를 거부하
고 민족 양심에 서서 군의 전통을 지켜주기를 간곡히 호소한다"면
서 군의 정치적 중립을 당부하는 한편 위수령을 철폐해야 한다고
주장했다. 정말 대단한 용기였다. 우리 군에서 이렇게 나온 적도 있
었다. 오래오래 기억해둘, 용기 있는 행위였다.

그러자 예비역 장성들에 대한 탄압이 시작됐다. 11명 중에서
5·16쿠데타 후 군사 정권에서 외무부 장관을 했던 김홍일, 국방부

장관을 했던 박병권, 중앙정보부장이었던 김재춘, 최고위원이었던 박원빈 이렇게 네 사람이 구속됐다. 위수령에 즈음해 군의 정치적 중립을 이야기한 호소문이 박정희 대통령을 반국가적이고 이적 행위자라고 비난했다는 것이다.*

호소문에는 이런 내용이 있었다. "국가에 불행을 불러일으키는 집권자들이야말로 이적 행위자이며 국민 단합을 파괴하는 반민족 행위자이며 민주주의에 역행하는 반국가 행위자라고 하지 않을 수 없습니다." 이렇게 강직한 표현을 썼는데, 이것에 대해 구속으로 답한 것이다. 그러자 변협 회장을 지낸 이병린 변호사 등 28명이 이들을 무료 변론하겠다고 나섰다.

'정치 교수' 명단 내려보내 처벌 지시
광기 어린 탄압, 그리고 수상쩍은 테러 연발

— 한국 현대사를 돌아보면, 군인의 본분을 저버린 정치 군인들이 적지 않았다. 그로 인한 악취는 오늘날까지도 완전히 사라지지 않았다. 그런 점에서도 군의 정치적 중립을 호소한 예비역 장성들의 모습은 여러 가지를 생각하게 만든다. 이제 대학가 상황을 더 짚었으면 한다. 문교부 장관이 이른바 '데모 선동 교수' 명단을 제출하라고 지시한 후 대학가에서는 어떤 일이 벌어졌나.

● 호소문 발표 이틀 후인 8월 29일 검찰은 김홍일을 비롯한 4명을 출판물에 의한 명예 훼손 혐의로 전격적으로 구속 기소했다. 검찰은 기소장에서 이들이 "대통령 박정희의 명예를 훼손"했다고 주장했다. 9월 7일 검찰은 이 4명에 대해 내란 선동 혐의로 추가 기소했다.

정부는 학원에 대해 초강경 태도를 취했다. 윤천주 문교부 장관도 무서운 사람이었는데, 이제는 검사 출신인 권오병 법무부 차관을 신임 문교부 장관에 앉히고 서울대 총장에는 유기천 법대 학장을 앉혀 대량으로 학생들을 처벌하게 됐다.

이에 더해 문교부에서 이른바 정치 교수 명단이라는 걸 작성한 다음에 21명을 처벌하라고 각 학교에 지시했다. 21명에는 서울대에서 민비연 지도 교수였던 황성모 등이, 연세대에서 4·19 직후인 1960년 4월 25일에 있었던 대학 교수 시위를 주도했던 정석해와 권오돈 등이, 고려대에서 김성식, 김경탁, 조동필, 조지훈 등이, 한양대에서 한글학자인 김윤경이, 이화여대에서 김성준 등이, 숙명여대에서 김삼수가, 청구대에서 조윤제 등이 포함돼 있었다.

이것 때문에 또 파란이 일어났다. 왜냐하면 이 교수들은 거의다 각 학교를 대표하는 이미지를 가진 명망 있는 분들이었기 때문이다. 그 당시만 해도 원로 교수는 깍듯이 대접을 받았는데, 그런 저명한 분들을 학교에서 처벌한다는 것이 쉽지 않았다. 서울대 유기천 총장은 문교부에서 징계를 요구한 양호민, 황성모 교수 대신다른 사람을 파면해 논란을 불러일으켰다.

내무부는 국회 비준 이후 시위 주동 학생으로 서울대 문리대 20명, 서울대 법대 10명, 고려대 17명, 연세대 11명, 중앙대 14명, 성균관대 11명, 동국대 13명, 경희대 12명 등 157명의 명단을 문교부에 통고했다. 이 157명 중에는 서울대 문리대의 김중태 등과 광주고 2명을 비롯한 고교생 6명도 포함돼 있었다.

그러면서 비준 이후 9월 1일까지 84명의 학생이 구속됐다. 그후에도 학생들은 계속 구속됐다. 그런 속에서 권오병 문교부 장관은 9월 4일 연세대와 고려대에 무기 휴업령을 내렸다. 연세대와 고려대에서 시위 주동 학생과 일부 교수를 징계하지 않고 머뭇거렸다는 이유를 들어 칼을 빼든 것이다. 6일 고려대생 1,000여 명은 무기 휴업 조치에 맞서 학원 방위 총궐기 대회를 열고 "총칼 만능의 풍토를 뿌리 뽑겠다"고 선언했다. 두 대학에 대한 휴업령은 20일에 해제됐다.

이처럼 학원이 교수, 학생 처벌 문제로 모진 시련을 겪는 가운데 이번에는 테러의 광풍이 불었다.

— 어떤 사람들이 테러의 표적이 됐나.

의원직을 사퇴한 윤보선, 서민호를 협박하는 벽보가 9월 1일 거리에 붙었다. 9월 7일에는 밤 11시 45분경 동아일보 편집국장 대리 변영권의 집 문간에서 다이너마이트로 추정되는 폭발물이 터졌다. 이 폭발로 변영권의 집 기둥이 부서지고 대문 안벽이 허물어졌으며 주춧돌과 유리창도 깨졌다. 폭발 사고 후 한 시간쯤 지난 8일 0시 40분경에는 동아방송 제작과장 조동화 납치·폭행 사건이 일어났다. "시경에서 왔다"고 자칭하는 괴한 4명이 "잠깐 가자"며 조동화를 납치한 다음 "왜 협조 안 하느냐"며 뭇매를 가한 사건이다.

9월 8일 낮 12시 20분경에는 동아일보 이채주 기자의 집에 북한 명의로 된 불온 문서가 투입됐다. 밤 9시 40분경에는 동아방송 부국장 최창봉의 집에 "가족을 모두 없애버리겠다"는 협박 전화가 왔다. 밤 11시 55분쯤에는 민중당 간부 유옥우의 집 근처에서 폭발물이 터져 유옥우의 집이 일부 파괴되는 사건이 일어났다. 9일에는 '대일 굴욕 외교 반대 투쟁위원회' 의장 장택상에게 협박장이 우송됐다.

일련의 테러 사건은 그 의도가 아주 분명했다. 테러 사건 범인은 군인이라고 경찰에서 추정한 것으로 보도됐는데, 같은 기관에서 자행했을 가능성이 컸고 조직적으로, 치밀하게 이뤄졌다. 그런 가운데 제2차 민비연 사건이 일어났다.

── 2차 민비연 사건, 어떻게 전개됐나.

9월 12일 김중태가 체포되면서 민족주의비교연구회(민비연) 사건이 다시 일어나 재판을 받게 된다. 박정희 정권에 한 번 밉보이면 어떤 식으로 당할 수 있는가를 잘 보여준 사건이었다. 정부는 김중태, 현승일, 김도현 등 민비연 간부들이 학생들을 계속 조종·선동하고, 구국학생동맹 같은 걸 조직해 여러 시위를 감행했다고 발표했다. 정부를 전복한 후 총선거를 통해 새로 구성된 국회에서 한일협정 비준 무효를 결의하도록 모의했다면서 내란죄로 처단해야 한다고 나왔다. 검사의 구형량도 엄청났다. 김중태에게는 징역 15년, 다른 피고인들에게는 징역 3~12년을 구형했다.

사실 국회 비준 이후 비준 무효화를 외치던 세력은 학생이건 야당이건 재야건 국회를 해산하고 새로 총선거를 해야 한다고 주장했었다. 재판 과정에서 내란 음모 및 내란 선동은 무죄가 됐다. 다만 폭발물 사용 음모 및 반공법 위반에 대해 유죄가 인정돼 김중태에게 징역 2년, 나머지에게는 집행 유예나 무죄가 선고됐다. 항소심에 가서는 6명 전원에게 무죄가 선고됐다. 이때만 해도 법원이 약간은 살아 있다는 얘기를 들었다. 그와 별개로, 학생 운동에 대한 혹독한 탄압은 대학가에 적지 않은 후유증을 남겼다.

일본에서도 불붙은 한일협정 반대, 그러나 과거사 반성은 드물었다

한일 회담·한일협정, 열세 번째 마당

김 덕 련 일본 쪽 상황을 짚었으면 한다. 한일협정 비준 문제는 일본 정치권에서도 첨예한 대립을 불러일으키지 않았나.

서 중 석 일본에서는 1965년 11월 12일 중의원에서 자민당이 단독으로 한일협정 비준안을 통과시켰다.[*] 12월 11일에는 야당 의원들이 퇴장한 가운데 비준안이 참의원을 통과한다.

그해 12월 18일 한일 양국이 비준서를 교환했다. 을사조약 60년이 지난 지 꼭 1개월하고 하루 더 된 날이어서 반대파에선 제2의 을사조약이라고 이야기하고 그랬다.

한일협정 반대 운동,
일본에서도 만만찮았다

— 일본에서도 한일협정 반대 운동이 전개됐다. 그쪽 상황은 어떠했나.

일본에서는 제1야당인 사회당, 그리고 공산당, 일본노동조합총평의회(총평), 이 세 군데가 중심이 돼서 반대 운동을 폈다. 총평은 사회당과 연관된 가장 강력한 노동조합이었다.

반대 논리는 대개 이렇다. 한미일 군사 동맹, 나아가 미국의 군사 전략의 일환으로 이뤄지는 한일 조약이 일본의 안전과 평화를

● 자민당은 경찰을 동원해 중의원을 둘러싸고 단 6분 만에 날치기로 통과시켰다. 이 과정에서 자민당 의원들과 야당인 사회당 의원들은 집단 몸싸움을 벌이기도 했다.

위협한다는 주장이었다. 그리고 이들은 사토 에이사쿠 내각이 박정희 정권을 파국에서 구하고 한국에 대한 지배를 실현하려는 위험한 대외 팽창 정책의 의도를 깔고 한일 국교 정상화를 하고 있다고 역설했다.

그와 함께 많이 나온 주장이, 한일 조약 체결로 인한 일본의 한국에 대한 경제 협력은 경제 침략을 기도할 기회를 일본 독점 자본에 준다는 것이었다. 한일 교섭이 한반도 분단을 고착시키고 남북 조선의 평화 통일 의지를 무너뜨려 통일을 저해할 것이라는 주장도 많이 나왔다. 그러니까 통일된 조선 정부와 국교를 회복해야 한다는 주장이었다.

그러면서 특히 1965년에 많이 나오는데, 사회당 등이 베트남 전쟁에 대한 반대 주장을 아주 강하게 펴면서 어떤 경우 한일 국교 정상화 문제보다 베트남전 반대가 더 중심이 되는 것도 볼 수 있다. 한일 국교 정상화에 대한 미국의 태도와 연계해 베트남전쟁을 반대하는 모습을 보였다.

— 재일 교포 사회에서도 반대 목소리가 만만치 않게 나오지 않았나.

재일본조선인총연합회(총련)의 반대 논리는 사회당, 공산당, 총평의 그것과 비슷하긴 하지만 초점이 조금 다르다. 여기서는 '침략과 전쟁에 연결된 한일 회담에 반대하자. 미국 제국주의는 일본 군국주의 세력과 박정희 일당을 결탁시켜 조선의 분열을 고정화하고 남조선을 언제까지나 반공 최전선 기지로 확보하려고 기도하고 있다. 침략적인 동북아시아 군사 동맹을 엮어내려고 하는 것이다', 이런 주장을 했다. 또 '일본의 군국주의 세력과 독점 자본이 미국 제국주의의 아시아 침략 전쟁에 가담해 대외 확장 야망을 실현하려 하고 있다'고 주장했다.

민단 쪽에서도 청년들을 중심으로 반대 시위가 상당히 많았다. 굴욕적 저자세, 청구권 문제, 평화선 문제를 많이 제기했고 그와 함께 한국 정부가 재일 교포에게 너무 신경을 안 쓰고 있다고 분노했다.

재일 조선인의 인권을 지키는 모임 같은 단체도 생겼는데 여기서도 마찬가지로 '재일 조선인의 생활과 권리가 제대로 보장되지 않고 있다. 일본 정부는 일관되게 조선인을 적대시해서 억압 정책을 펴고 있고, 박정희 정부는 민족의 이익을 팔아넘기고 피도 눈물도 없는 기민棄民 정책을 추진하고 있다', 이렇게 격렬히 비난했다. 기민 정책이라는 것은 이승만 대통령에 대해서도 1950년대에 재일 교포들이 많이 썼던 말이다.

재일본 조선인의 교육 문제와 관련해 비판하는 성명이나 시위도 있었다. 교수, 과학자, 지식인, 학생, 노동자 이런 사람들도 광범위하게 참여하는 경우가 있었다. 예컨대 도쿄도에 있는 대학의 교수들이 연합해서 대학 교수단 성명을 냈는데 여기에는 교수, 조교수, 강사 등이 포함돼 있었고 도쿄대를 비롯한 중요 대학이 들어 있었다. 1,000명 정도나 서명했다.

그러나 과거사를 반성하며
한일협정을 반대한 일본인은 드물었다

— 일본에서도 한일협정 반대 운동이 상당한 규모로 전개됐지만,
초점은 역시 한국과 조금 달랐을 것 같다.

일본에서도 반대 운동이 사실 만만치 않았다. 안보 투쟁만큼
규모가 크지는 않았지만 1960년대가 일본에서 시위 투쟁이 가장 많
았던 때 같다.[°] 1964년 12월부터 참의원에서 비준하는 1965년 12월
까지 전국 각계 약 2,815개에서 총 188만 명이 집회, 시위에 참여한
걸로 나와 있다. 그러니 적은 게 아니다.

일본에서 전개된 한일협정 반대 운동에서는 과거사 문제가 별
로 거론되지 않았다. 한국이 민주화로 나아간 1987년 6월항쟁 이후,
특히 한국에서 과거사 문제가 활발하게 논의됐던 노무현 정권 때부
터 일본의 진보적 지식인들이나 시민들이 과거사 문제를 중시하게
되는데, 한일협정을 체결하던 때에는 그렇지 않았다.

1950년대에는 더 심했다. 예컨대 구보타 망언이 나왔을 때 일
본에서는 진보적 언론이건 지식인이건 정당이건 어디에서도 구보
타 망언에 문제가 있다는 얘기가 안 나왔다. 그 당시 일본인들은 거
의 전부가 지난날 한국을 침략하고 지배한 것이 잘못이라는 생각을
하지 않았다. 한국, 한국인을 얕잡아 본 것도 그러한 분위기를 만드

● 안보 투쟁은 1959~1960년 일본에서 일어난 대규모 평화 운동이다. 군사 동맹 성격을 강
화하는 방향으로 미일상호방위조약을 개정하려는 것에 반대해 야당은 물론 수많은 시민
이 들고일어났다. 기시 노부스케를 총리에서 물러나게 할 정도로 큰 규모였다. 조약 개정
을 막지는 못했지만, 전후 일본 민주주의에 한 획을 그은 사건이라는 평가를 받고 있다.

는 데 역할을 했을 것이다.

—— 과거사 문제를 반성하며 한일협정을 비판한 세력이 일본에 전혀 없었나?

일본에서 이뤄진 한일협정 반대 운동에서 과거사 문제를 언급한 시위는 찾아보기 어렵다. 그러나 소수이긴 하지만 성명서에서 과거사 문제를 언급한 데가 있다.

일본조선민족교육문제협의회라는 일본인 단체에서 낸 성명서를 보면, 일제 교육 특히 황민 교육이라는 동화 정책을 강하게 비판하는 내용이 나온다. '일본인의 조선 인식을 왜곡하고 조선 민족 멸시 사상을 키워온 것이 황민 교육을 통해 오늘날 일본인한테 깊이 남아 있다. 그런데 일한 조약을 보면 재일 조선인 학교 교육을 동화 정책 강화 쪽으로 이끌어가려는 것 아니냐', 이런 논리다. 한일협정 반대 운동이 일본에서 그렇게 거세게 일어났지만 과거사 문제에 대한 언급이 별로 없었다는 것은 오늘날에도 상당히 새겨볼 필요가 있다.

일본역사연구회위원회에서도 9월 11일 '일한 조약에 반대하는 역사가의 모임'을 열고 반대 성명을 발표했다. 여기서도 그런 문제를 제기했다는 것을 우리는 많이 생각해봐야 한다. 예컨대 "일본 국민은 과거 일본 제국주의의 조선 지배를 엄중하게 단죄하고 민족적 멸시감을 자기 자신 안에서 짜내버려야 한다"고 촉구했다. "일본 제국주의의 조선 지배는 어떤 것에 의해서도 정당화될 수 없다. 그것은 조선 인민의 자주적, 민주적 지향을 압살하고 그들로부터 나라와 민족을 빼앗아버렸던 것이다."

당시 일본의 몇 군데에서 이런 지적이 나왔다는 건 대단히 소중하다. 그렇지만 이 시기에는 전반적으로 일본인들이, 진보 세력조차 과거사 문제와 관련해 의식에 문제가 있다는 걸 드러냈다고 볼 수 있다.

친한파·반한파 명칭의 서글픈 역설,
박정희 정권과 일본의 검은 유착

한일 회담·한일협정, 열네 번째 마당

한일 우호는 두 정부 간의
'검은 유착' 우호였을 뿐

김 덕 련 1965년 한국과 일본이 국교를 정상화했다. 그러나 그 후 한국인들과 일본인들이 상대방을 잘 이해하면서 미래 지향적인 관계를 맺어왔는지는 논란거리다.

서 중 석 한일협정 체결 이후 한일 관계가, 국교 정상화를 했다고는 하지만 제대로 된 한일 관계냐 하는 것이 지금까지 크게 논란이 돼 왔다. 정치인 김대중은 "한일 우호 관계는 두 나라 정부 간의 우호 관계 이상이 아니었다"고 지적했다. 이게 정곡을 찌르는 지적 아니겠는가. 상당 기간 동안 그랬다. 정부 또는 권력 간 우호 관계, 그것도 검은 유착의 우호 관계였을 뿐 두 나라 국민 사이의 우호 관계는 존재하지 않았다. 김대중 정부가 들어선 이후 문화 교류 같은 것이 활발하긴 하지만, 두 국민 사이의 우호 관계 문제에는 아직도 앙금이 많이 남아 있다.

강상중과 현무암 이 두 교수가 쓴 《기시 노부스케와 박정희》라는 책의 머리말을 보면 도쿄대 교수였던 강상중 세이가쿠인대학교 학장은 이렇게 말한다. "무엇보다도 기시 노부스케와 박정희라는 두 인물을 통해 만주국과 전후의 일본, 그리고 해방 후 한국의 연속성에 주목했다." 이 책을 쓴 의도가 거기에 있다는 것이다. 전후의 일본과 한국이 어떻게 만주국과 연속성을 갖는가, 이 이야기다.

일본 내 만주 인맥의 향수와 박정희의 향수가 시민 또는 국민을 배제한 채 정부와 정부만이 관계를 갖는 그런 한일 관계를 만들어낸 것 아니겠는가. 한일 관계가 이렇게 된 데에는 만주 인맥의 대

일본제국과 연결된 한국에 대한 향수, 그리고 박정희 대통령 등이 자신들의 군국주의 시기에 대해 품은 긍지 어린 향수 같은 것도 관계된 것 아니겠는가.

친한파, 반한파에 대해 그전에도 얘기했지만 친한파라고 불린 이들은 일제가 만주 침략, 중국 침략을 할 때 중요한 활동을 한 사람들이고 일제 패망 이후에도 대일본제국의 아시아 '경영' 문제에 계속 신경 쓰던 사람들이다. 기시 노부스케건 고다마 요시오건 야쓰기 가즈오건 만주 인맥을 중심으로 쭉 보면 그렇다. 고다마 요시오는 기시 노부스케와 같은 형무소에 있으면서 서로 지기知己가 됐다고 하는데, 이미 1950년대부터 이 사람은 한국 정부와 긴밀한 관계를 맺었다. 고다마 요시오는 박정희 정권으로부터 수교 훈장도 받는다.

만주 인맥, 이 사람들은 한국의 분단 강화를 통해 남한과 북한을 제어하고, 한반도 역량을 약화해 일본에 긴박하고자 하지 않았나. 그걸 통해 대일본 경제 또는 대일본 속에 한국을 위치시키려는 활동을 주로 한 사람들 아닌가. 그러면 이건 반한파지 어째서 친한파라고 할 수 있는 건가.

반한파는 1960년대에 사용된 말은 아니고 1970년대 유신 체제 때 많이 사용됐다. 김지하가 구속되고 김대중이 납치되자 이들은 김대중과 김지하 구출 운동, 석방 운동을 치열하게 벌이면서 유신 체제를 비판했다. 이 사람들이야말로 한국의 인권에 관심을 가졌고, 1970년대에 활동할 때에도 이미 과거사 문제에 대해 심도 있게 반성, 비판, 사죄를 하는 걸 볼 수 있다. 그러면서 그 후 일본의 역사 교과서 왜곡, 야스쿠니 신사 참배, 전쟁 국가화 움직임, 그래서 개헌하려고 하는 것 등에 반대했다.

1990년대 언젠가부터 이 사람들에 대한 한국인들의 인상이 바뀌어 갔다. 한국의 민주주의에도 관심을 보이면서 '위안부' 문제를 비롯해 일본의 잘못된 모습을 비판하는 좋은 사람들이라는 인상으로 바뀌어 갔다. 특히 2000년대에 한국에서 그런 경향을 보여주지 않았나. 그러면서 와다 하루키 도쿄대 명예교수의 글도 언론에서 많이 실어줬다. 와다 하루키도 1970년대부터 활동했다. 이처럼 친한파, 반한파라는 말은 박정희 정권 당시 한일 관계의 일그러진 면, 잘못된 부분을 너무나도 잘 보여준다.

남한을 하위 생산 기지로 만들려 한 '친한파'와 심각한 대일 무역 역조

—— 한국 경제가 일본에 예속되는 것 아니냐는 우려도 많지 않았나.

한일 관계에서 제일 크게 논란이 된 것은 경제 문제였다. 정치적으로 한국을 침략한다는 이야기는 잘 안 나왔고, 문화적인 얘기가 조금 있긴 했지만 대부분은 경제 관계를 갖고 얘기했다. 1960~1970년대에서 1980년대에 이르기까지 한국 경제가 일본에 종속되는 것 아니냐는 우려를 할 만한 징표가 사실 많이 있었다. 그래서 계속 경제 관계를 걱정하는 걸 볼 수 있다.

1970년 서울에서 제2차 한일경제협력위원회 총회가 열렸는데, 일본 국책연구회 간부이자 한일 관계의 막후 인물, 그리고 이른바 친한파의 거두인 야쓰기 가즈오가 여기서 '한일 장기 경제 협력 시안'을 발표했다. 여기에 일본 측이 구상한 한일 경제 관계가 잘 나타나 있다.

야쓰기 가즈오는 자국의 노동 집약적 산업과 철강, 조선, 석유화학, 전자 공업 등 사양 산업을 남한에 이전하고, 그에 더해 일본의 관서関西(간사이) 경제권과 남한의 포항 이남 남해 공업 지대를 연결할 것을 제안했다. 한국의 값싼 노동력과 땅을 이용해 남한을 하위 생산 기지로 만들겠다는 속셈이었다. 야쓰기 가즈오의 시안에는 합작 회사에서 노동 쟁의를 금지할 것을 요구하는 내용도 담겼다. 이 마지막 부분도 바로 실현됐다. 수출 자유 지역에서 노동 쟁의를 사실상 금지하는 법안이 통과되지 않나.°

—— 무역 역조 문제도 심각하지 않았나.

한국인들이 제일 크게 우려한 게 무역 관계다. 한국의 대일 무역은 1965년에 수출 4,500만 달러, 수입 1억 7,500만 달러였는데 10·26사건이 일어나는 1979년에는 각각 33억 5,300만 달러, 66억 5,700만 달러가 된다. 수출도 늘어나지만 수입과 수출이 33억 달러 차이, 꼭 2배 차이가 나는 걸 볼 수 있다. 다른 나라에 수출을 해 번 돈을 속된 말로 전부 일본에 '꼬라박아도' 모자랄 지경이었다. 특히

° '야쓰기 구상'으로 불리는 이 시안에는 수출 자유 지역, 그리고 관세 부과를 보류한 상태에서 수입 원료를 가공하는 보세 가공 지역을 확대할 것을 요구하는 내용도 있었다. 1960년대에 일본 경제는 중화학 공업 과잉 투자와 공해 산업 문제를 풀어야 하는 상황에 놓여 있었다. 공해 산업을 한국에 떠넘기고 한국을 하청 기지로 만들어 과잉 투자 문제를 해결하고자 한 것이 야쓰기 구상이다. "협력 내건 하청 눈독"(1970년 4월 24일 자 동아일보) 등으로 표현하며 야쓰기 구상을 우려하는 목소리가 언론 등에서 바로 나왔다. 그러나 이 구상은 박정희 정권에 하나의 돌파구로 다가갔다. 경공업 중심 발전 전략이 한계에 부닥치고 차관 기업들의 부실 문제가 심각한 상태에 이르러 정권의 안위를 걱정해야 하던 상황에서 벗어날 출구로 여긴 것이다.

1960년대 후반, 1970년대에는 한국의 무역 적자가 대일 무역 적자 때문에 생기고 그것이 한국 경제와 외환 수급을 굉장히 어렵게 한다는 지적을 끊임없이 받았다.

한 자료에 의하면 1966년에서 1984년 7월까지 19년간 한일 무역을 보면 한국이 약 300억 달러의 무역 역조를 보였다. 이 기간에 한국의 총 무역 적자의 75퍼센트, 총 외채의 약 4분의 3을 차지했다. 일본은 상당히 오랫동안 과도한 수입 규제 정책을 썼다. 무역 관리령이라든가 수입 할당제, 수입 승인 제도, 수입 사전 확인제, 수출 자율 규제, 차별 고율 관세 등을 통해 한국의 대일 수출을 어렵게 만들었다. 이런 무역 역조가 한국 경제의 큰 장애물이었고 이를 어떻게 시정할 것인가가 고민거리였다.

그와 함께 '한국의 기술과 기계, 그중에서도 특히 기계 부문에서 가장 중요한 부품은 일본에 종속되는 것 아니냐', 이런 우려가 많았다. 자동차 같은 경우 1990년대까지도 제일 중요한 부품은 일본에서 수입했다. 한국산업기술협회가 1996년에 한 연구를 보면, 1962년부터 1995년까지 기계류 분야에서 한국의 기술 수입 중 58.6 퍼센트가 일본에서 왔고 자본재와 중간재 수입을 포함하면 이 비중은 더 높아질 것이라고 돼 있다.[●]

● 이와 관련, 10·26사건 직전인 1979년 10월 4일 자 동아일보는 이렇게 보도했다. "(1978 년 대일 무역 적자의) 85퍼센트가 기계류 무역 역조로 나타났다. …… 산업 기계 수입의 70퍼센트가 대일 의존이기 때문에 중화학 공업화에 따른 산업 기계 수입의 확대가 우리 나라 전체 무역 역조와 대일 무역 적자의 원인이라고 볼 수 있다." 그로부터 10년 넘게 지난 후에도 이 문제는 걱정거리였다. 1991년 8월 15일 자 한겨레는 "1980년부터 1990 년까지 기계류의 대일 무역 적자는 총 340억 달러에 이르렀다"며 경제 예속을 우려했다.

한일 관계에 나쁜 물을 들인
검은 유착과 박정희 정권

—— 한국과 일본의 특정 세력들을 끈끈하게 이어준 검은돈 문제도
심심찮게 불거지지 않았나.

이런 한일 간의 경제 관계 같은 것에 또 일정한 선線들, 그러니
까 고다마 선, 기시 선 같은 것이 작용했다는 점에서도 여러 문제를
안고 있었다. 그게 파이프라는 건데, 예컨대 기시 선에는 세 개의
파이프가 있었다고 한다. 일본 자본이 한국에 진출하는 경우 이런
것과 연결돼 있었다.

한일 국교 정상화가 되기 전부터, 그러니까 5·16쿠데타 직후부
터 보세 가공이 많이 있었다. 일본 자본이 초기에 한국에 진출한 대
표적인 방식이 보세 가공인데, 이런 보세 가공을 주로 주선한 사람
이 유가와 고헤이라는 인물이다. 이 사람은 1936년 2·26사건 때 혁
신계 장교로 가담한 군국주의자라고 한다.* 나이 차이는 많이 났지
만 박정희 의장과 옛날 일본 육사 동창이었다. 동창이라는 걸 내세
우면서 박 의장 등 거물을 만났는데 1961년 이토 상사, 그리고 일제
때도 한국에 진출한 유명한 회사인 오노다 시멘트, 도쿄은행 등 23
개 사 중역들과 함께 내한하고 그랬다.

보이지 않는 이런 손들이 한일 경제 관계에서 작용하는 속에

● 1962년 3월 8일 자 경향신문에 따르면 유가와 고헤이는 황도파 장교들이 일으킨 2·26쿠
데타 때 경시청을 점거했던 반란군의 지휘관이었다고 한다. 쿠데타를 주동한 장교들이
처형될 때 유가와 고헤이는 한 귀족의 청원으로 사면을 받았고, 석방 후 이름을 바꾸고
활동했다고 이 신문은 보도했다.

1971년 박정희 대통령이 서울지하철(1호선) 공사 현장을 시찰하고 있다. 서울지하철 공사를 할 당시 수주 경쟁과 리베이트 수수설 등 검은 뒷거래 얘기가 많이 나왔다.

서 검은 유착이 생기고 검은돈이 왔다 갔다 하는 것 아닌가. 그중에서도 2000년대 들어 크게 화제가 된 게 지난번에도 언급한 6,600만 달러 건이다. 2004년에 민족문제연구소가 미국 CIA 특별 보고서를 발견하면서 불거진 검은 유착이다. 1961년부터 1965년 사이에 6개 일본 기업이 각각 100만 달러에서 2,000만 달러씩 총 6,600만 달러를 민주공화당에 지원했다는 내용이다. 이와 관련해 'CIA가 파악한 게 이 정도다. 이건 전체 액수의 일부가 아니겠는가'라는 주장도 있다. 1964년 3월 김준연 의원이 '박정희 정권이 일본으로부터 1억 3,000만 달러를 받았다'고 폭로했는데, 당시 구체적인 것을 제시하진 못했지만 어느 정도 근거가 있었던 것 아니냐는 이야기도 나왔다.

── 박정희 정권의 정치 자금과 관련된 검은 유착 의혹은 그것만이 아니지 않나.

이 검은 한일 관계와 관련해 제일 이야기가 많이 나온 게 지하철 리베이트였다. 1970년대 초중반에 서울지하철 공사를 할 당시 리베이트 문제였다. 서울지하철 수주 경쟁과 리베이트 수수설 등 검은 뒷거래 얘기가 많이 나왔다. 또 예컨대 화력 발전 플랜트 도입을 둘러싸고 일본 상사 간에 암투가 일어났을 때에도 한일 관계 리베이트 문제가 거론됐다. 어쨌건 1970년대 초 일본 차관 도입과 관련해 말썽이 된 최대 의혹 사건은 서울지하철 부정이었다.

이상우가 쓴 글에 의하면 여기에는 미쓰이, 미쓰비시 등 4개의 일본 대기업이 개입했는데, 민주공화당 자금줄로 불리던 김성곤 등이 관련됐던 것으로 나온다. 1971년 4월에 이 4개 상사의 연합 측이 1차로 120만 달러를 김성곤이 지정한 미국 체이스맨해튼 은행의 뉴욕 지점에 불입하고 그 후 몇 차례에 걸쳐 더 불입한 것으로 나온다. 이 서울지하철 리베이트 문제가 들통 난 것은 당시 일본의 지하철 차량 가격하고, 한국에 팔았다고 하는 가격이 너무 큰 차이가 났기 때문이다. 당시 일본 국내 가격은 차량 1대당 3,204만 엔이었

• 민족문제연구소가 CIA 문서를 공개한 후 김종필 측은 "그럴 리도 없고 그럴 수도 없다"며 의혹을 부인했다.

는데, 한국에는 6,350만 엔에 판 걸로 돼 있다.

아까 6,600만 달러 의혹에 대해 이야기했는데, 당시로서는 참 대단한 액수 아니었나. 한일협정을 통해 일본으로부터 '무상'으로 받은 게 3억 달러밖에 안 되는데, 그것의 5분의 1이나 되는 엄청난 액수였다. 이게 정치 자금화해서 권력 쪽으로 넘어갔다고 하면 그건 대단한 일이다.

또 차관을 도입하면 그 차관을 경제 발전에 100퍼센트 써야 하는 것 아닌가. 그런데 박정희 정권은 거기서 5퍼센트 정도를 정치 자금으로 다 뗐다고 한다. 기업이 이윤을 5퍼센트 낸다는 게 쉬운 일이 아닌데, 그걸 다 박정희 정권이 먹어버렸다는 이야기였다. 이런 점에서 박정희 정권은 욕을 얻어먹게 돼 있었다. 앞뒤가 다른 소리를 한 것이다.•

나라를 발칵 뒤집은 '한비' 밀수 사건…
오물 뿌린 김두한, "박정희=밀수 왕초" 질타한 장준하

— 1966년에는 삼성 재벌 관련 사건이 터져 큰 파장을 불러일으켰다. 이 사건 역시 한일 간의 검은 거래 문제와 이어져 있지

• 1968년 《신동아》는 차관 관련 의혹을 보도했다가 된서리를 맞았다. 《신동아》는 그해 12월호에서 박정희 정권이 차관을 국내 기업에 배정하는 과정에서 일부 재벌에 특혜를 줬고 그 대가로 여당이 검은돈을 받았다는 등의 내용을 심층 보도했다. 이렇게 5퍼센트 커미션설 등을 보도하자 중앙정보부는 반공법을 내세워 《신동아》 측을 압박했다. 차관과 정치 자금의 연관성을 보도한 부분에 반공법을 적용한 것은 중앙정보부의 월권이라고 《신동아》 측에서 반박하자, 중앙정보부는 그해 10월호 《신동아》에 실린 다른 글을 문제 삼아 《신동아》 간부들을 반공법 위반 혐의로 구속했다.

않았나.

검은 거래와 관련된 사건들이 끊임없이 있었는데, 그중 제일 크게 충격을 준 사건이 바로 한비(한국비료) 밀수 사건이었다. 1966년에 일어난 사건 중에서 이게 제일 컸을 것이다. 한일 국교 정상화 이후 1966년이 퍽 조용한 해인 셈이었는데 그해 9월에 이 사건이 터지면서 아주 시끄러웠다. 이것 때문에 학생 데모까지 일어나고 그랬다.

삼성 측이 미쓰이물산 차관으로 울산에 3만 톤 규모의 요소 비료 공장을 건설하기 시작했다. 이게 한국비료 공장이다. 한비라고 불렀다. 여기서 사카린 밀수가 있었다. 특정범죄가중처벌법에 의해 이것을 다뤄야 하는데, 벌금 징수라는 가벼운 처벌로 끝났다. 1966년 5월에 있었던 이 일을 4개월 후인 9월 15일에 경향신문이 처음 터트렸다. 그러면서 이병철의 차남 이창희가 구속됐다. 국회에서는 총책임자인 이병철도 구속해야 한다고 이야기했다.

이 사건과 관련해 큰 파동이라고 할까 충격을 불러일으킨 것이 오물 사건이다. 보궐 선거에서 한국독립당으로 당선된 김두한 의원이 9월 22일, 국회 안팎에서 이 문제를 갖고 시끄러울 때였는데, "부정과 불의를 합법화하는 이 국회를 용서할 수 없고 관계 장관들은 부정부패를 합리화한 피고로서, 국민들이 주는 사카린이니 골고루 맛을 봐야 한다"면서 오물을 살포해버렸다. 김두한 의원은 "선혈의 얼이 담긴 파고다공원 공중변소에서 퍼왔다"고 했는데, 어쨌건 이게 정통으로 맞았다. 당시 정일권 총리, 장기영 부총리, 민복기 법무부 장관, 박충훈 상공부 장관의 옷을 몽땅 버리게 했다고 한다. 이날 저녁 전 국무위원이 사퇴를 결의하고 일괄 사표를 냈다.

1966년 9월 17일 자 동아일보. "대재벌이 밀수를 했다"며 삼성과 직무 유기한 정부를 성토하고 있다.

　　김두한 의원은 자진 사퇴를 했는데, 모 기관에 끌려가서 아주 심하게 당했다고 한다. 그러고 나서 몇 년 후 세상을 떠났다. 일제 말부터 1950년대에 걸쳐 시라소니, 정치 깡패 이정재와 함께 오랫동안 한국 주먹을 대표하던 사람이고 국회의원을 두 번이나 했는데 마지막에 이런 일이 있고 나서 모 기관에 갔다 오고 얼마 후 죽었다. 그렇게 오래 못 살았다. 그런데 이 사건과 관련해 납득이 안 가는 게 또 있었다.

── 그게 무엇인가.

　● 김두한은 54세이던 1972년 세상을 떠났다.

1967년 4월 20일 한국비료 울산 공장 준공식. 박정희 대통령은 삼성 측에 한국비료를 건설한 후 국가에 바치라고 했다. 이에 이병철은 주식의 51퍼센트를 헌납했다. 사진 출처: 국가기록원

　　박정희 대통령은 내각 일부를 개편하고, 삼성 측에는 한비를 건설한 후 국가에 바치라고 했다. 이 시기에 정부 말을 기업이 안 듣는다는 건 있을 수 없는 일이었다. 더군다나 대통령이 직접, 공개적으로 이런 얘기를 한 것 아닌가. 그래서 장기영 부총리가 삼성 쪽에 몇 차례 간 걸로 돼 있다.

　　우리가 보통 생각하기에는 장기영 부총리가 이병철 삼성 총수한테 큰소리를 치고 이병철 총수 쪽에서는 쩔쩔매고 그래야 할 것 같지 않나? 그런데 그와 정반대되는 정황이 보도됐다. 이상하게도 정반대 상황이 전개된 것이다.

　　장기영이 저자세를 취하는 모습을 보였고, 삼성은 상당히 오랫동안 버텼다. 1967년 10월까지 버텼다. 그러다가 결국 주식의 51퍼

센트를 헌납하는 것으로 결론이 난다. 당시 신문을 보면 '51퍼센트라는 것에 정부에서 불만이다. 국가에 바치라는 건 전체를 바치라는 뜻으로 볼 수도 있기 때문이다', 이런 이야기가 나온다.

그렇지만 여기에서 더 나아가지는 않았다. 일부 언론에서는 사카린 밀수 사건과 관련해 그것만 밀수한 게 아니라 변기, 전화기, 표백제 등 제3의 밀수가 있다고 했는데, 더 이상 논란이 되지 않고 묻혔다.

이 사건은 또 장준하 구속을 불러왔다. 장준하는 1966년 10월 15일 민중당이 주최한 '특정 재벌 밀수 규탄 대회'에서 "재벌 밀수를 막지 못한 죄는 바로 대통령에게 있다", 처음에는 이렇게 말한 것으로 보도됐다. 그런데 이때 장준하는 이 발언만 한 것이 아니었다. 얼마 후 알려지는 것처럼 장준하는 박정희를 "밀수 왕초"라고 규탄했다. 박정희 정권은 장준하가 허위 사실을 유포했다며 박정희 대통령의 명예를 훼손한 혐의로 장준하를 구속했다. 장준하는 다음 해 총선에서 옥중 출마해 당선됐다. 이렇게 수많은 파란을 몰고

• 박정희 대통령은 1966년 9월 27일 한국비료 공장을 예정대로 건설하라고 지시하고, 11월 10일에는 "이병철 씨가 한비를 국가에 헌납한다고 말했으므로 헌납할 것으로 안다"고 말했다. 그러나 바로 이 한국비료 헌납 문제를 두고 박정희 정권은 삼성과 힘겨루기를 해야 했다. 1966년 9월 헌납 의사를 밝혔던 이병철은 그다음 달 장기영 부총리를 만난 자리에서 "한비 주식 51퍼센트의 헌납 확약을 한 사실도 없으며 …… 각서도 자의에 의해 작성된 것이 아니다"라고 주장하며 부총리를 몰아붙였다. 그 후에는 "주식을 26.2퍼센트밖에 내놓을 수 없다"는 식으로 버텼다. 박 대통령은 "이것은 분명히 정부를 우롱한 것"이라고 분개하며 1967년 10월 3일 장기영 부총리를 전격 경질했다. 그로부터 8일 후인 10월 11일 이병철은 주식 51퍼센트를 헌납하고 운영권도 정부에 넘기겠다고 물러섰다.

•• 대구에서 열린 이 대회에는 3만 5,000여 명의 청중이 모였다. 구속영장 내용을 보도한 1966년 10월 26일 자 동아일보에 따르면 이 자리에서 장준하는 "박정희란 사람은 우리나라의 밀수 왕초다", "존슨 대통령이 방한하는 것은 박정희 씨가 잘났다고 보러 오는 것이 아니라 (베트남에서 흘릴) 한국 청년의 피가 더 필요해서 오는 것이다"고 말했다.

왔는데, 그런데도 여기에서 끝나지 않고 훗날 새롭게 진실이 드러나게 된다.

밀려난 후계자 이맹희가 증언한
박정희와 이병철의 은밀한 거래

—— 한국비료 밀수 사건은 삼성의 후계 구도에도 영향을 끼친다. 후계자 자리에서 밀려난 이병철의 큰아들 이맹희가 훗날 펴낸 회고록은 세간의 관심을 모으지 않았나.

이 사건의 진상이라고 할까, 알려지지 않은 이야기를 이맹희가 나중에 구체적으로 밝힌다. 이맹희는 1993년 《묻어둔 이야기》라는 회고록을 내는데, 여기에 구체적인 이야기가 들어 있다. 앞에서 한일 간의 검은 유착에 대해 이야기하지 않았나. 이맹희는 한비 건설에도 당연히 리베이트가 있었다고 썼다. 당시 미쓰이가 공장 건설에 필요한 차관 4,200만 달러를 기계류로 대신 공급하면서 삼성에 리베이트로 100만 달러를 건넸다는 것이다.

이 회고록을 보면, 이병철이 정치 자금 문제 등을 해결하기 위해 이런 리베이트 사실을 박 대통령에게 알린 것으로 돼 있다. 박 대통령은 "그러면 여러 가지를 만족시키는 방향으로 그 돈을 쓰자"고 제의했다고 한다. 한비 밀수 사건 이듬해인 1967년에는 대선과 총선이 있지 않나.

문제는 현찰 100만 달러를 일본에서 들여오는 게 쉽지 않았다는 것이다. 지금도 그렇지 않나. 그러니 100만 달러어치 물품을 밀수로 들여와 국내에서 현금으로 만드는 방법밖에 없었다. 그들은 암시장에서 유통 가능한 품목을 선별했다. 밀수를 하면 100만 달러가 아니라 그 몇 배가 될 수 있었다.

이맹희 자신이 밀수를 현장에서 지휘했으며 박 정권은 이를 은밀히 도와주기로 했다고 한다. 그런데 밀수하기로 결정한 다음에 삼성 측에서는 정부도 모르고 있던 몇 가지 욕심을 채우기로 한 것이다. 평소에 들여오기 힘든 공작 기계나 건설용 기계를 갖고 오자는 것이었다. 이맹희는 그와 함께 '자신들'이 밀수한 주요 품목이 변기, 냉장고, 에어컨, 전화기, 스테인리스판이었고 거기에다 사카린 원료를 같이 들여왔다고 밝혔다. 사카린 밀수는 부수적인 것이었다. 냉장고, 에어컨, 양변기 같은 것들이 당시 한국에는 거의 없었기 때문에 이런 것들을 들여오면 몇 배로 팔 수 있었다는 것이다. 그걸로 엄청난 이문을 남길 수 있었다. 그래서 이 기회에 이런 것들까지 들여오자고 했다고 한다.

이 사람이 쓴 걸 보면, 일본에서 이걸 들여와 국내 시장에 팔면 4배 정도의 돈을 모을 수 있다는 계산이 나왔다고 한다. 당시 밀수 총액은 한화로 10억 원인데, 현재 물가로는 200억 원 정도였고 실제 그 무렵에 피부가 와 닿는 감각으로는 무려 2,000억 원에 해당하는 돈이라고 이맹희는 말했다. 여기서 '현재'라는 건 이 책을 펴낸 1993년경을 가리킨다.

한겨레 최근 보도(2017년 1월 2일)에 나오는 주한 미국 대사관의 기밀 보고서에는 한비 밀수 사건 1년 후인 1967년 9월 11일 이맹희가 로버트 메이어 주한 미국 대사관 상무 담당관 등에게 말한 내용이 들어 있다. "한국비료의 사카린 밀수 사건은 한국 정부의 제안에 따라 진행된 일이며, 삼성은 중앙정보부 등의 협박에 못 이겨 거액의 정치 자금을 헌납해왔다."

　박정희는 국내 기업 및 일본 기업이 포함된 '뒷돈'에도 기반을 두고 독재 권력을 구축하고 장기 집권을 도모했다. 그리고 삼성은 권력과 검은 거래, 정경유착 속에서 세계적인 대기업으로 성장했다

박정희 밀어준 일본 극우,
박정희가 키운 전두환·신군부와도 밀착

한일 회담·한일협정, 열다섯 번째 마당

'북한이 곧 남침' 거짓 정보 거듭 흘린 일본,
5·17쿠데타에 이를 활용한 신군부

김 덕 련 1979년 박정희 정권이 몰락한 후 한일 관계는 어떠했나.

서 중 석 1963년 민정 이양을 할 때 박정희 최고회의 의장의 3·16 군정 연장 성명을 일본 측에서 지지하고 나왔다고 하지 않았나. 일본 측의 이 사람들은 전두환·신군부 집권에도, 광주항쟁 시기에도 상당한 역할을 했다. 한일 관계에서 잘못된 검은 유착은 1979년으로 끝난 게 아니었다.

놀랍게도 10·26이 난 직후인 1979년 10월 28일, 나중에 전두환 정권의 핵심 인물이 되는 '3허'(허삼수, 허화평, 허문도) 중 한 명인 허문도 당시 주일 한국 대사관 수석 공보관이 주한 일본 대사 스노베 료조를 만났는데, 여기서 허문도는 "전두환 장군을 중심으로 새로운 체제가 열린다"고 이야기했다. 12·12쿠데타가 일어났을 때 미국은 이걸 모른 걸로 돼 있는데, 신군부는 스노베 료조에게 쿠데타에 대해 사전 통보하고 일본의 협력을 구했다. 그러니까 박정희처럼 전두환·신군부가 정말 믿었던 것도 일본이었던 것이다. 믿을 수 있는 건 일본 극우 세력만이라고 보고 이렇게 협력을 구한 것이다.

또 일본 측에서 1979년 12월부터 1980년 5월 10일까지 여러 차례에 걸쳐 신군부에 정보를 준 걸로 돼 있다. 대부분은 '북한이 소련의 사주를 받아 남침하려 한다'고 하면서 정보 출처로 주일 중국 대사관 같은 걸 대고, 그러면서 '일본의 정보 기관인 내각조사실 같은 권위 있는 쪽으로 전달된 것이다', 이런 식으로 마치 사실인 것처럼 꾸몄다. 전부 허위 조작한 것인데도 그랬다. 신군부 세력이

1980년 9월 5일 남덕우 국무총리(오른쪽)가 스노베 료조 주한 일본 대사와 이야기를 나누고 있다. 12·12쿠데타가 일어났을 때 신군부는 스노베 료조에게 쿠데타에 대해 사전 통보하고 일본의 협력을 구했다. 전두환·신군부가 정말 믿었던 것은 일본이었던 것이다. 사진 출처: 국가기록원

정권을 잡는 데 이용할 수 있도록 그렇게 했다.

제일 중요한 정보는 1980년 5월 10일 일본 내각조사실 한반도 담당 반장 에비스 겐이치의 정보였다. 여기서 정보를 줬다는 것이다. 한국 상황에 대해 결정적 시기라고 판단한 북한이 5월 15일에서 20일 사이에 남침하기로 결정했고, 당시 유고슬라비아를 방문 중이던 김일성이 레오니트 브레즈네프 소련공산당 서기장을 만나 남침 계획을 의논했다는 내용이었다.

— 전두환·신군부는 일본 쪽에서 거듭 흘린 남침설을 어떤 식으로 활용했나.

전두환은 5월 12일 비상국무회의에서 정국 안정을 위한 강도 높은 조치가 필요하다고 강조했다. 그러면서 존 위컴 주한 미군 사령관한테 특수 부대 이동의 정당성과 계엄 확대, 철저한 통제 조치의 필요성을 역설했다.

내가 듣기로는 5월 14일 학생들이 대거 나온 것에도 이 남침설이 이상한 형태로 영향을 끼쳤다. '주한 미군 순찰대가 5월 12일 밤 10시 반 비무장지대 공동 관리 구역 남방에서 정체불명의 사람들과 총격전을 벌였다'는 미국 국방부 발표도 그 무렵 나왔다. 그러한 미국 국방부의 휴전선 총격전 발표와 함께 남침설이 일부 학생 운동권에 알려졌고 그래서 이들은 일단 '피신'했다. 그런데 아무 일도 일어나지 않았고, 그다음 날 알아보니 남침설이 거짓말임을 알았다는 것이다.

전두환·신군부는 학생들이 대거 가두시위를 벌이기를 기다리고 있었다. 이 무렵 공수특전단, 20사단 등 군이 이동하지 않나. 미국은 이것(군대의 사전 이동)을 알고 있었고 '양해'해주었다. 5·17쿠데타 계획은 전두환·신군부에서 이미 다 세워놓은 상태였다. 그러면서 비상국무회의를 열어 계엄을 전국으로 확대하고, 계엄을 해제하려 한 국회를 군대의 폭력으로 해산시키는 내란 행위를 자행했다. 전두환·신군부가 실권을 다 장악하는 5·17쿠데타가 일어난 것이다. 5·17쿠데타는 1980년에 '서울의 봄'을 무참히 침몰시키고 유신 체제의 사생아로 전두환·신군부 체제를 출범시켰다. 그러한 5·17 쿠데타를 이처럼 일본 정부는 적극적으로 지원했고 미국 정부는 협력 또는 방조했다.

또 일본은 광주항쟁이 절정으로 치닫고 있던 5월 20일 마에다 도시카즈를 특명 전권 대사로 한국에 파견했다. 마에다 도시카즈는 최규하 대통령은 만나지도 않고 광주 무력 진압 다음 날인 5월 28일 전두환과 회담한 것으로 돼 있다.*

올림픽 유치 조언, 40억 달러 융자
전두환 정권에 힘 실어준 일본 극우

── 전두환은 박정희 집권기에 '박정희의 양아들'이라는 이야기를 들을 정도로 총애를 받으며 승승장구한 정치 군인이다. 또한 전두환을 중심으로 한 군내 사조직 하나회는 박정희의 비호를 받으며 세력을 키웠다. 박정희 정권과 긴밀한 관계를 유지했던 일본 측이 10·26 이후에는 그러한 전두환·신군부를 밀어줬다는 점은 여러 가지를 생각하게 만든다. 일본 측은 광주항쟁 이후에도 전두환·신군부에 힘을 실어주지 않았나.

1980년 5월 이후에도 세지마 류조를 비롯한 일본의 막후 실력자들이 비공식 특사로 방문해 전두환·신군부와 모종의 관계를 맺

일본 측의 신군부 지원 문제는 2000년 박선원 연세대 국제학연구소 연구교수가 제기하면서 관심을 모았다. 당시 박 연구교수는 스노베 료조를 비롯한 관련 인물들의 증언과 녹취록을 함께 공개했다. 이 내용이 공개되자 스노베 료조는 10·26 직후 허문도를 여러 차례 만난 사실은 인정하면서도 다른 사안에 대해서는 "기억나지 않는다", "말할 수 없다"로 일관했다.

는 것을 볼 수 있다. 세지마 류조와 일본 상공회의소 회장 고토 노보루, 이 두 사람이 1980년 6월과 8월에 방한했다. 두 번째 방한했을 때 고토 노보루가 전두환한테 올림픽이나 박람회를 개최할 것을 조언했다. 이건 세지마 류조 회고록에 나오는 내용이다. 서울올림픽은 실질적으로 바로 여기서 출발한다. 올림픽을 열려고 나고야 시에서 이미 운동을 하고 있었는데, 놀랍게도 이 일본의 배후 인물들이 올림픽 개최를 추진하라고 전두환 정권에 이야기한 것이다.

그에 더해 고토 노보루는 일본 측에 '한국의 올림픽 개최에 반대하면 안 된다'고 권고한 것으로 나와 있다.[●●] 참으로 무서운 사람들이고 놀라운 일이다. 이렇게 일본 극우들이 자기 나라 올림픽을 사실상 포기하라고까지 한 것이 우리가 보기에는 납득이 안 가는데, 그만큼 일본 극우들이 무서운 존재 아닌가. 만주 인맥을 중심으로 한 이런 사람들이 정말 무서운 사람들 아닌가. 이 사람들이 구상한 것이 궁극에 가서는 일본 중심의 동아시아 통합이고, 또 중국과 러시아에 대한 방벽으로도 한국을 중요시했다. 그것에 한국의 군부 정권처럼 유용한 정권은 있을 수가 없다고 판단했기 때문에 올림픽까지 포기하도록 그렇게 자기 나라에서 영향력을 행사한 것 아니겠는가. 참 무서운 일이다.

전두환 정권이 초기에, 박정희 정권 말기의 경제난에다가 농업문제도 겹치고 해서 경제적으로 몹시 곤경에 처하지 않나. 물가도 한없이 올라간다.[●●●] 이때 구세주라고까지 할 수는 없어도 전두환

[●●] 고토 노보루는 이때 나고야올림픽유치위원회 위원이기도 했다. 그런 그가 나고야 아닌 서울에 힘을 실어준 것이다.
[●●●] 1980년 한국 경제 성장률은 -5.2퍼센트였다. 마이너스 성장은 1952년 이후 처음 있는 일이었다.

정권에 굉장히 중요한 역할을 한 게 나카소네 야스히로 정권이 40억 달러를 융자해준 것이었다. 박정희 정권이 청구권 자금과 관련해서 받아냈다는 돈이 이른바 '무상' 3억 달러, '유상' 2억 달러, 상업 차관 알선 3억 달러였던 것을 생각하면 40억 달러는 엄청난 액수였다. 그 이유는 간단한 것 아니겠나. 전두환·신군부만이 일본의 국익을 잘 보호해줄 수 있다는 것 때문이었다.

여기서 중요한 역할을 한 사람이 유명한 막후 실력자인 세지마 류조다. 세지마 류조는 일제 군부에서 중요한 역할을 하고 전범으로 장기간 소련에 억류당했다. 이 사람의 회고록이 1995년에 발간되면서 여러 가지가 밝혀졌다.

그중 하나는 40억 달러를 제공할 때에도 세지마 류조가 한국에 왔다는 것이다. 나카소네 야스히로 총리로부터 경제 협력에 관한 양국 협상 내용을 들은 세지마 류조는 한국에 와서 권익현 당시 민정당 사무총장과 만났다. 이 자리에서 엔 차관 18억 5,000만 달러, 수출입은행 융자 21억 5,000만 달러, 합치면 40억 달러인데 이것을 7년 기간에 금리 6퍼센트로 해서 한국에 제공하기로 합의를 본 것이다. 이것이 전두환 정권에 중요한 역할을 했다. 물론 한국 경제에도 상당한 역할을 했다.°

── 나카소네 야스히로는 1985년, 패전 후 처음으로 현직 총리로서

° 세지마 류조는 일본군 대본영과 관동군에서 참모로 활동했다. 1945년 패전 후 소련군의 포로가 돼 11년간 시베리아에 억류됐다가 1956년 일본으로 돌아왔다. 그 후 일본 정계의 흑막으로서 한일 관계에도 상당한 영향력을 행사했다. 1982년에 이뤄진 40억 달러 융자 협상과 관련, 세지마 류조는 협상 후 자국 총리의 서한을 전두환 대통령에게 전했고 그 것이 이듬해인 1983년 나카소네 야스히로 총리의 전격 방한으로 이어졌다고 회고했다.

일본군 대본영과 관동군 참모로
활동할 당시의 세지마 류조.
그는 일본 정계의 흑막으로서
한일 관계에도 상당한 영향력을
행사했다.

야스쿠니 신사를 공식 참배한 인물 아닌가.

나카소네 야스히로는 어떤 사람이냐. 일제 말에 해군 중위였고
그 후 방위청 장관도 지낸 나카소네 야스히로는 총리에서 물러난
후 도쿄 재판에 대해 "나는 인정하지 않는다"고 단정적으로 이야기
했다. "A급 전범이라고 불리는 사람들이 범죄인이라는 생각은 털끝
만큼도 없다", 이렇게 말했다. 이건 고다마 요시오나 기시 노부스케
만 포함하는 게 아니라 도조 히데키(1941년 미국을 공격할 당시 일본 총
리)도 포함하는 것이다. 우린 일본 전범을 제대로 처단하지 않는 걸
문제 삼는데, 이 사람은 이런 발언을 했다. °°

이 사람은 1982년에 총리가 되는데, 지금까지도 문제가 되고

일제 말 해군으로 활동할 당시의 나카소네 야스히로. 그는 총리에서 물러난 후 "A급 전범이라고 불리는 사람들이 범죄인이라는 생각은 털끝만큼도 없다"라고 말한 바 있다.

있는 일본 교과서의 외국 관련 서술 문제가 크게 불거진 게 바로 그해다. 일본 문부성이 3·1운동을 폭동 같은 것으로 기술하라고 검정 지시를 내리고, 중국 침략에 대해서도 침략이 아니라 진출로 표시하라고 했다. 그렇게 왜곡하는 것이 어떻게 있을 수 있나 싶은데,

●● 나카소네 야스히로가 이 문제 발언을 한 때는 2005년 6월 26일이다. 이 무렵 일본에서는 도쿄 재판의 정당성에 흠집을 내고 자국 전범들을 비호하는 발언이 거듭 나왔다. 야스쿠니 신사는 "A급 전범은 일본 국내에서는 범죄자가 아니다"라고 공식적으로 밝혔다. 나카소네 야스히로 발언 전날에는 야스쿠니 신사 경내에 도쿄 재판 당시 A급 전범을 비롯한 피고 전원이 무죄라고 주장한 인도인 판사의 비석 제막식이 열렸다. 비석 건립을 지원한 측은 "역사에 대한 자학적 풍조 등의 근원은 도쿄 재판에 있으므로 그 문제성을 재검토하는 계기가 되기를 바란다"고 주장했다. 나카소네 야스히로 발언 이틀 후에는, 고이즈미 준이치로 당시 총리의 야스쿠니 신사 참배를 지지하는 자민당 국회의원 모임이 발족했다.

일본 정부에서 그렇게 하라고 지시한 것이었다. 그러면서 교과서 파동이 일어나 한국 정부와 중국 정부가 강력히 항의했다. 항의가 거세니까 문부성은 유명한 근린 조항(역사 서술에서 주변 아시아 국가를 배려한다는 내용)을 검정 기준에 추가했다. 그렇지만 이게 최근에 와서는 완전히 폐기됐다고 보고 있다. 아베 신조 정권 들어서는 한국이나 중국을 고려해가면서 교과서를 기술한다는 건 아예 생각할 수도 없는 상황에 이르렀다.

1987년 독립기념관이 개관한다. 그런데 독립기념관 건립은 교과서 파동으로 강렬한 반일 운동이 일어나니까 전두환·신군부가 국민의 눈을 돌리기 위한 조치이기도 했다. 기구한 탄생이라고 할까. 사실 독립기념관은 진작 만들어졌어야 하는 건데, 이때 공사에 착수했다. 그런데 준공을 앞두고 1986년에 큰불이 났다. 그래서 개관이 늦어졌다. 독립기념관은 지금 대단히 소중한 역할을 하고 있다.

한일협정 후 수십 년간 뒤틀린 한일 관계, 반면교사로 삼아야

── 일본의 막후 실력자들과 연관된 문제는 노태우 정권 때에도 발생하지 않았나.

노태우 정권이 출범할 때도 일본 측과 긴밀한 관련을 맺었다. 세지마 류조 회고록을 보면 노 대통령 당선 후 단독으로 만나, 대통령 선거는 문제가 많으니 헌법을 개정해 내각 책임제를 추진할 것을 조언했다고 한다. 이 사람 회고에는 흥미로운 내용도 있다. 노 대통령이 일본의 엔카 가수 미소라 히바리의 노래를 일본어로 부르는 걸 보고 놀랐다고 한다.

노 대통령도 친일적이라는 비판을 받았다. 우선 노 대통령이 1990년 일본을 방문했을 때 일본 천황이 "통석痛惜의 염"이라는 말로 한일 관계에 대해 대답했는데, 이게 논란을 불러일으켰다. "통석의 염"이라는 게 대등한 국가끼리 쓸 수 있는 말이냐, 그게 무슨 과거사 반성이냐는 비판을 많이 받았다. 한자에서 통석의 어원을 볼 때 그렇다는 지적을 당시 많이 받았다. 논쟁이 많이 됐다.°

노 대통령이 재임 당시 일본 연극인과 한 인터뷰 내용도 논란을 불러일으켰다. '일한 마찰, 한국의 책임'이라는 제목으로 일본 잡지《문예춘추》(1993년 3월호)에 게재됐는데, 이런 내용이었다. "두 나라가 대립할 때에는 더 큰 나라가 여유를 보임으로써 문제가 해결된다. 약한 사람일수록 큰소리를 치는 경향이 있다." 우리를 비난하는 것이다. "대립이 생겨 커질 때는 더 큰 나라, 더 여유가 있는 나라가 양보하는 것이 서로 요령 있게 문제를 푸는 방식이라고 생각한다. 일본이 그런 여유를 보인다면 한국민은 감격을 잘하는 만큼 대단히 감사하며 진정한 우정으로 응할 것이다. …… 일본과의 사이에는 과거에 불행한 역사가 있었으나, 동시에 나는 일본에서 많은 것을 배우기도 했다. 특히 일본인이 갖고 있는 미덕인 '의리와 인정'은 나에게 큰 좌우명이 돼왔다." 이러면서 여러 가지 이야기를 한 것이 한국인들을 분노케 했다. 어떻게 대통령이 일본에 가서 그

° 통석은 소중한 것을 잃었을 때 느끼는 상실감을 표현할 때 주로 쓰이는 말로, 당시 한국은 물론 일본에서도 낯선 단어였다. 그 의미를 두고 해석이 분분한 가운데, 사죄로 받아들이기는 어렵다는 비판이 많았다. 그러나 노태우 대통령은 당시 이 발언을 의미 깊게 평가한다고 밝혔다.

한일 회담·한일협정

렇게 얘기할 수 있느냐는 것이었다.

―― 한일협정 이야기 마당을 닫을 때가 됐다.

지금까지 한일 회담, 한일협정 문제를 살펴보면서 한일 관계를 간단히 언급했다. 그리고 군국주의, 제국주의를 상징하는 만주 인맥이 그 배후에 있다는 점을 짚어봤다. 박정희는 만주 인맥에 의존해 한일 회담을 타결하려 했고 한일 관계를 심화시키려 했으며 경제 건설을 하고자 했다. 이것은 1964년, 1965년에 엄청난 규모로 시위가 일어나게 하는 큰 요인으로 작용했다. 아울러 박정희 집권기에 널리 사용된 '친한파', '반한파'도 박정희 정권 때 한일 관계가 어떠한 성격을 지니고 있는지를 단적으로 보여주는 사례다. 일본의 만주 인맥과 그 뒤를 이은 군국주의자들은 유신 체제 지지·지원에 멈추지 않고 전두환·신군부 체제의 출현과 존속을 적극 지원하고 지지했다.

한일 관계가 정상적인 관계에 들어서고 한국이 자주적으로, 대등하게, 자신감을 갖고 일본을 대하게 된 것은 한국이 민주화로 나아간 1987년 6월항쟁 이후였고, 정부 차원에서는 김영삼이 대통령이 된 이후였다. 김영삼 대통령은 1993년에 취임하는데, 1961년부터 1993년까지 얼마나 긴 세월인가. 그 긴 세월 동안 한국과 일본의 관계가 지극히 비정상적이었고 정말 불행했다는 생각을 하지 않을 수 없다.

그런데 그 불행은 지금도 계속되고 있다. 만주 인맥의 대부 기시 노부스케의 외손자인 아베 신조가 이끄는 정권이 저런 극단적인 짓을 계속하고 있고 박정희 유신 체제와 '친연성親緣性'이 강한 박근혜 정권이 그것에 야합하면서 그 불행한 관계가 이어지고 있다.

그러면서도 한국인들은 한일 회담, 한일협정에 대해 과연 얼마만큼 잘 알고 있는가 하는 문제를 생각해볼 필요가 있다. 그것을 오늘날 어떻게 귀담아들어야 할 것인가 하는 문제를 등한시하는 점이 많이 있다.

나가는 말

1

1965년 한일협정이 체결됐습니다. 이를 통해 해방 후 20년 만에 한국은 일본과 국교를 정상화했습니다. 그렇지만 침략과 강점으로 얼룩진 지난 역사를 깊이 있게 되짚으며 교훈으로 삼는 과정을 충실히 밟지는 않았습니다. 일본 정부를 쥐락펴락한 우익들은 진정성 있게 반성할 생각이 없었습니다. 한국의 박정희 정권은 일본이 그렇게 하도록 애쓰는 모습을 보이지 않았습니다. 일본 측에서 망언을 해도 모른 척하거나 심지어 덮어주기까지 했습니다.

그렇게 해서 체결된 한일협정은 문제투성이였습니다. 탄생 과정을 돌아보면 당연한 결과라고 할 수 있습니다. 국교 정상화 후 한국의 독재 권력과 일본 우익의 검은 유착이 거듭되고 지금까지도 한일관계가 뒤틀려 있는 것은 문제투성이 한일협정과 무관치 않습니다. 근래 일본군 '위안부' 피해자 문제에서도 잘 드러나듯이 가해자가 오히려 큰소리치는 어처구니없는 현실 역시 거슬러 올라가면 한일협정문제와 닿아 있습니다.

그런 의미에서 한일협정을 찬찬히 돌아보는 것은 미래로 함께 나아가는 한일 관계를 만들기 위해 반드시 필요한 작업입니다. 《서중석의 현대사 이야기》 7권에서 한일협정 문제를 하나하나 되짚은 것도 그 때문입니다.

2

《서중석의 현대사 이야기》 8권 주제는 경제 개발입니다. 한일협정과도, 오늘날 한국 사회를 악취로 뒤덮은 박근혜·최순실 게이트와도 이어져 있는 주제입니다.

1960~1970년대 경제 개발 과정, 구체적인 당시 상황 등에 대해서는 본문에서 상세하게 짚었으니 여기서는 독자 여러분과 함께 생각해보고 싶은 물음 몇 가지만 언급할까 합니다. 우선 '모든 것은 위대한 김일성 수령(또는 경애하는 지도자 김정일 동지) 덕분'이라는 북한 방송 같은 것을 접하면 여러분은 어떤 생각이 드시나요? 오늘날 대다수의 한국인은 그러한 선전에 혀를 끌끌 차거나 피식 웃으며 어이없다는 반응을 보이지 않을까 싶습니다.

그런데 '한국 경제가 이만큼 발전해 우리가 이 정도 먹고사는 건 박정희 대통령 각하 덕분'이라고 목청을 높이는 이들이 한국 사회 일각에 있습니다. 잘된 건 김일성(또는 김정일) 덕분이라는 궤변과 논리 구조에서 별반 다르지 않은 이러한 주장, 여러분은 어떻게 생각하시나요? 만약 '모든 것은 위대한 김일성 수령(또는 경애하는 지도자 김정일 동지) 덕분'이라는 선전에는 혀를 끌끌 차거나 피식 웃으면서 '우리가 이 정도 먹고사는 건 박정희 대통령 각하 덕분'이라는 주장에는 고개를 끄덕인다면, 그건 앞뒤가 안 맞는 일 아닐까요?

본문에서도 자세히 살펴본 것처럼 '한국 경제가 이만큼 성장한 건 박정희(또는 박정희와 몇몇 재벌 회장들) 덕분'이라는 인식은 사실과 부합하지 않는 위험한 착각입니다. 허리띠 졸라매고 죽도록 고생해서 경제를 발전시키고 나라를 일으킨 대다수의 평범한 국민들을 뒷전으로 미뤄놓고 성장의 주역 문제를 논하는 것이 과연 타당한 일일까요? 한국 경제가 빠르게 성장할 수 있었던 역사적 조건은 어떠했는지, 성장의 진정한 주역은 누구였는지, 성장의 과실을 공평하게 나눴는지 등을 차분하게 살필 때입니다.

　　위험한 착각에서 벗어나는 것은 한국을 일으켜 세운 국민들이 심지어 '민중은 개돼지'(이것이 과연 나향욱이라는 고위 공무원 한 사람만의 생각일까요?)라는 취급을 받는 기막힌 현실을 바꾸기 위한 의미 있는 한 걸음일 것입니다. 이와 관련, 한 가지만 더 짚어볼까요? 박근혜·최순실 게이트는 박정희 추종 세력의 기괴한 본모습을 그대로 드러냈습니다. 지금으로서는 그 끝이 어디일지 가늠하기도 쉽지 않습니다. 그런데 생각해보면, 이 추악한 게이트가 터지기 전에도 박근혜 정권은 민주주의를 심각하게 뒷걸음질 치게 만들었습니다. 극단적인 박정희 추종자를 제외한다면, 이것이 박정희 집권기를 빼닮은 모습임을 부정하는 사람은 거의 없을 것입니다.

그래도 경제만은 다르다고요? 그렇게 주장하는 이들도 있을 것 같습니다. 한 번 살펴볼까요? 지난 몇 년간 곳곳에서 위험 경보가 울릴 정도로 경제가 가라앉았습니다. 이러한 경제 침체는 박근혜 정권 출범 이후 계속된 재벌 편향 정책, 극심한 양극화, 기승을 부리는 투기 및 정경유착 등과 떼어놓고 생각할 수 없습니다. 그러한 현실은 많은 부분 박정희 집권기 경제와도 뗄 수 없는 관계를 맺고 있습니다. 예컨대 재벌 편향 정책, 투기와 정경유착은 박정희 집권기 경제의 중요한 특징으로 많은 사람이 꼽는 사항입니다. 그리고 오늘날과 같은 극심한 양극화와는 그 양태가 다르긴 했지만(그 차이는 박정희 집권기 한국 자본주의와 오늘날 한국 자본주의의 발전 단계, 세계 경제 상황 등이 다른 것과 관계가 있습니다), 박정희 집권기에 빈부 격차를 비롯한 각종 격차가 지나치게 커진 것 또한 분명한 사실입니다.

이 대목에서 같이 생각해봤으면 합니다. 박근혜 정권이 경제에서 죽을 쑨 건 '신화적'이라는 박정희 정권의 경제 정책을 따라 하지 않아서일까요, 아니면 시대도 세계도 변했는데 박정희 정권의 '시대 착오적인' 경제 정책을 따라 하다 그렇게 된 것일까요?

3

　다음에는 유신 쿠데타를 해부한 책으로 독자 여러분께 인사를 드리겠습니다. 연재에 관심을 보여준 언론 협동조합 프레시안 박인규 이사장과 연재 정리를 도와준 프레시안 후배 최하얀·서어리 기자, 그리고 작업 공간을 제공해주는 등 물심양면으로 지원해준 인문 기획 집단 문사철의 강응천 주간께 감사 인사를 전합니다.

　2017년 1월
　김덕련

서중석의 현대사 이야기 ❼

초판 1쇄 펴낸날 2017년 2월 13일
초판 3쇄 펴낸날 2020년 10월 12일
지은이 서중석·김덕련
펴낸이 박재영
편집 이정신·임세현·한의영
마케팅 김민수
디자인 조하늘
제작 제이오
펴낸곳 도서출판 오월의봄
주소 경기도 파주시 회동길 363-15 201호
등록 제406-2010-000111호
전화 070-7704-2131
팩스 0505-300-0518
이메일 maybook05@naver.com
트위터 @oohbom
블로그 blog.naver.com/maybook05
페이스북 facebook.com/maybook05
인스타그램 instagram.com/maybooks_05

ISBN 979-11-87373-12-4 04900
978-89-97889-56-3 (세트)

이 도서의 국립중앙도서관 출판시도서목록(CIP)은 e-CIP홈페이지(http://nl.go.kr/ecip)와
국가자료공동목록시스템(http://www.nl.go.kr/kolisnet)에서 이용하실 수 있습니다.
(CIP 제어번호 : CIP2017002177)

책값은 뒤표지에 있습니다. 잘못된 책은 바꾸어 드립니다.

만든 사람들
책임편집 박재영
디자인 조하늘

이 책에 실린 사진은 저작권을 가지고 있는 분들과 기관의 허락을 받아 게재했습니다.
저작권자를 찾지 못하여 게재 허가를 받지 못한 일부 사진은 저작권자가 확인되는 대로
게재 허락을 받고 통산 기준에 따라 사용료를 지불하겠습니다.